Alessio Giampieri

Web marketing low cost

Come sfruttare Internet per migliorare il proprio business senza spendere una fortuna

Alessio Giampieri

Web marketing low cost
Come sfruttare Internet per migliorare il proprio business senza spendere una fortuna

Copyright © 2013 - Festina Lente Edizioni di Marco Mari
Via Ferrariola 34 - 44124 Ferrara (Italy)
Tel. 0532 - 471046
Email: info@festinalenteedizioni.it
Web: www.festinalenteedizioni.it

ISBN: 978-88-97589-20-4

Indice

Introduzione

PERCHÉ QUESTO LIBRO TI SARÀ UTILE

In periodi di profonda crisi, come quello che stiamo vivendo, è sempre più difficile per imprenditori e professionisti riuscire nella propria attività e continuare a ripetere ogni giorno sempre le stesse parole a giustificazione di queste difficoltà purtroppo non aiuta.

Cerchiamo dunque di vedere l'attuale congiuntura da una prospettiva diversa, più utile e funzionale, che possa aiutarci a superarla.

Perché, se la crisi è certamente dovuta a fattori esterni che hanno portato delle modifiche sostanziali ai mercati, ciò non significa che non si possa fare nulla, che una soluzione non possa arrivare anche da noi. Questo è un aspetto molto importante, perché solo se pensi che anche con le tue azioni puoi migliorare la situazione che stai vivendo, allora potrai vivere giorni felici e sorprenderti quando i tuoi concorrenti diranno: "Abbiamo tagliato gli investimenti per colpa della crisi".

Per riuscire a superare una situazione del genere devi prima di tutto smettere di ripetere, a te stesso e ai tuoi colleghi/collaboratori – se ne hai –, che è colpa della crisi e di tutti quei fattori esterni che hanno penalizzato te e il tuo mercato. Prendi in mano la situazione e chiediti: "Che cosa posso fare per ottenere migliori risultati nella mia attività?".

C'è una bella notizia per te. La bella notizia è che delle risposte a questa domanda – anche se non sono le uniche possibili – le puoi trovare in questo libro, perché, se l'origine della crisi è il cambiamento – cambiamento delle ricchezze (da molti a pochi), cambiamento delle esigenze, cambiamento dei mercati, cambiamento della concorrenza –, l'unica soluzione per non subire passivamente il cambiamento è l'aggiornamento.

Che cosa significa in questo momento aggiornarsi? Significa assecondare il rapido mutare delle situazioni, utilizzare nuovi strumenti, nuove metodologie e nuove tecniche per migliorare la tua attività.

Quindi vorrei chiederti: "Qual è lo strumento/mercato oggi in più rapida crescita?"

Sicuramente il web, che con i suoi relativamente pochi anni di vita, è stato ed è, per chi ha saputo cogliere appieno le opportunità di business che offre, "l'America" del nuovo millennio.

Ecco allora perché questo libro potrà essere una guida preziosa, se sei un imprenditore o un libero professionista e hai intenzione di sfruttare internet per ottimizzare le performance della tua attività, una guida che potrà aiutarti nella scelta di strategie, strumenti e professionisti da utilizzare per cercare di ottenere i migliori risultati con la minor spesa di denaro e di tempo.

ATTENZIONE PERÒ...

Prima di iniziare a vedere come sfruttare internet per migliorare i risultati della tua attività, una piccola ma doverosa precisazione: anche se si può ragionare per gestirlo come uno strumento low cost, e per questo adattissimo anche alle piccole e piccolissime imprese, anche se in questo libro ho cercato di ridurre al minimo gli investimenti iniziali per una presenza online professionale, non pensare di poter fare tutto in modo assolutamente gratuito. Se la pensi così, abbandona l'idea di utilizzare internet per incrementare il tuo business e trova un'altra strada, risparmierai tempo e fatica.

Probabilmente non è il tuo caso, ma ricevo spesso email di persone che mi chiedono come possono evitare di spendere e la mia risposta, puntualmente, è che non si può fare sempre tutto in maniera gratuita. Il motivo è semplice: stanno promuovendo la loro attività, dunque è necessario presentarsi bene, dare un'impressione professionale ai propri clienti. Non stanno scrivendo il loro diario personale da far leggere a qualche amico, quindi è necessario prendere in considerazione l'idea di investire, sia tempo sia denaro, nella presenza online.

Capitolo I

DALL'OFFLINE ALL'ONLINE: INTERNET PER SUPERARE LA CRISI

Per la musica e i video noleggio, ad esempio, è stata la diffusione via web di materiale protetto da copyright in modo gratuito, per il tessile e molti altri settori è stata la globalizzazione, la forza manifatturiera dei paesi emergenti, ma a prescindere dalle cause specifiche per ogni situazione – maggiore concorrenza, contrazione del mercato, dumping, aumento dei costi e così via – alla base della crisi attuale ci sono dei cambiamenti profondi che stanno avvenendo sempre più velocemente.

Tuttavia, mentre molti operatori economici soffrono e tagliano le spese, alcuni mercati stanno ancora crescendo, uno su tutti è quello collegato a internet, un mercato, quello dell'online, che presenta ancora grandi margini di miglioramento.

Per questo motivo chi saprà accettare e fare propri questi cambiamenti radicali, utilizzando nuove forme e meccanismi per migliorare i risultati della propria attività, sarà un passo avanti rispetto a tanti altri che il cambiamento lo subiranno, costretti solo dalle circostanze ad adattarsi.

E tu, sei pronto a sfruttare le chances che il web può metterti a disposizione?

Si? Beh allora cerchiamo prima di tutto di capire il tempo che stiamo vivendo, un tempo che vede il marketing diventare sempre più importante, soprattutto su internet.

Questo concetto è espresso in maniera fantastica da Seth Godin nel suo libro *La mucca viola*[1], dove spiega la morte del complesso industriale-televisivo. In pratica, dal periodo in cui bastava creare prodotti o servizi adatti per il maggior numero delle persone e promuoverli in maniera indifferenziata spendendo grandi cifre in pubblicità, ora siamo passati alla creazione di prodotti e servizi su misura per gruppi sempre più definiti e ristretti di persone,

---

[1] Seth Godin, *La mucca viola. Farsi notare (e fare fortuna) in un mondo tutto marrone*, Milano, Sperling & Kupfer, 2004.

SEGMENTARE

Segmentare significa ripartire il mercato di riferimento (insieme) in più sottoinsiemi di consumatori-utenti che potrebbero manifestare le stesse attese nei confronti di una specifica offerta e che potrebbero reagire in maniera più o meno simile alle azioni di marketing dell'impresa.

Più si segmenta il mercato più si possono fornire prodotti e servizi specifici, mirati.

L'unico limite alla segmentazione è l'individuazione di nicchie di mercato talmente ridotte da non riuscire a essere poi sufficientemente remunerative.

Quindi, in definitiva, la segmentazione è molto utile per...

☞ analizzare meglio le caratteristiche dei consumatori e sviluppare strategie e politiche di marketing più efficaci e a minor costo;

☞ ricercare nuove possibilità:

  ☞ identificando nuovi bisogni o nuovi mercati ai quali rivolgersi con un'offerta innovativa;

  ☞ identificando nuovi bisogni o nuovi mercati che possono essere soddisfatti con gli attuale prodotti o servizi dell'impresa.

prodotti che per questo debbono essere pubblicizzati in maniera mirata. Lo strumento migliore per riuscirci è internet.

Certo oggi, in un contesto fortemente competitivo dove c'è sovrabbondanza di offerta, avere successo è più difficile rispetto al passato, e avere buone idee spesso non basta, tuttavia questa tendenza a una progressiva segmentazione sempre più accentuata dell'universo cliente significa anche che è possibile riuscire a individuare, comunicare e influenzare intere nicchie di mercato con costi relativamente bassi, e questa è una stupenda notizia, visto che se stai leggendo questo libro molto probabilmente sei interessato a migliorare i tuoi risultati ma puoi disporre di budget di spesa ridotti.

Anche i grandi investitori classici della pubblicità tradizionale, i *big spender*, si sono accorti delle grandi potenzialità del web marketing, puoi vederlo molto chiaramente quando negli spot televisivi in chiusura segnalano la loro presenza sui social media.

Ecco allora perché, a maggior ragione, non puoi non cogliere questa opportunità.

I NUMERI DI INTERNET

Audiweb ha rivelato che nel mese di maggio del 2012 in Italia gli utenti connessi a internet sono aumentati del 6,3%, arrivando alla cifra di oltre 40 milioni. Anche gli utenti che accedono al web almeno una volta al mese sono aumentati (5,1%), arrivando a 28,1 milioni di persone, più della metà della popolazione italiana con più di 2 anni di vita. Infine, sono aumentati dell'8,1% (pari a oltre 14 milioni) anche le persone che si connettono almeno una volta al giorno e la loro media di navigazione è di circa 1 ora e 20 minuti.

Cosa significa tutto questo?

Che i tuoi potenziali clienti stanno integrando il web nella loro vita e lo stanno facendo anche piuttosto velocemente, in tutta Italia, da nord a sud.

Ma quello che sta cambiando, e che qui ci interessa in particolar modo, è anche il comportamento con cui noi italiani utilizziamo internet, infatti, secondo recenti studi, i micro-pagamenti sul web al di sotto dei 10 euro sono aumentati. Il 54% degli italiani connessi a internet utilizza la rete per acquistare prodotti e servizi online anche quando l'importo è molto modesto.

Questo è un dato molto significativo, perché non solo dimostra l'aumento della fiducia verso gli acquisti a distanza ma, cosa ancora più importante, che anche in Italia il web è sempre più uno dei normali canali di shopping e

---

IL PROCESSO DI SEGMENTAZIONE

☞ Identificazione dei segmenti:

  ☞ descrittiva (chi sono?),

  ☞ variabili comportamentali (come si comportano?),

  ☞ benefici ricercati (cosa vogliono?).

☞ Valutazione e selezione dei segmenti di mercato:

  ☞ dimensione,

  ☞ tasso di crescita,

  ☞ attrattività del segmento,

  ☞ risorse e obiettivi.

☞ Elaborazione del posizionamento.

che ormai sono la maggioranza coloro che hanno vinto le iniziali diffidenze sui pagamenti online se, tramite il web, riescono a trovare soluzioni migliori ai loro problemi o desideri (più avanti ne parleremo meglio).

E se vendi prodotti o servizi ad alto costo?

La situazione è praticamente la stessa, anche qui esistono persone disposte a spendere cifre anche molto alte a distanza. Sono state cioè in gran parte superate quelle resistenze all'acquisto legate alla distanza, all'intangibilità del prodotto, alla non conoscenza diretta del venditore, al timore di effettuare pagamenti non sicuri e via dicendo.

La diffusione dei micro-acquisti è tuttavia significativa perché ci rivela come internet faccia ormai parte del quotidiano e come, presumibilmente, nel giro di pochi anni anche in Italia ci si può attendere una vera e propria esplosione di acquisti e vendite online.

A ulteriore riprova di tutto questo c'è l'aumento degli investimenti nella pubblicità su internet (+12% media globale), superiore rispetto a qualsiasi altro canale.

Ma perché è importante l'aumento della spesa pubblicitaria?

Perché dimostra come promuovere marchi, prodotti o servizi online sia efficace in termini di redemption[1], al punto che le aziende scelgono di spendere sempre più su questo canale pubblicitario penalizzandone altri più tradizionali (televisione, radio, stampa, ecc.).

Quindi, anche da questi dati, puoi capire che le informazioni che stai per apprendere in questo libro, sono molto utili per migliorare i risultati della tua attività utilizzando gli strumenti del web marketing, ma iniziamo subito e vediamo come sfruttarli al meglio.

> **ONLINE E OFFLINE**
>
> Online: letteralmente, in linea. Indica la condizione in cui un dispositivo è attivo e pronto per funzionare. Relativamente al web si intende online tutto ciò che è sulla rete o collegato a essa sia in termini di contenuti che di apparati.
>
> Offline: tutto ciò che non è in rete. Nel web marketing si intendono come offline tutte le attività di marketing tradizionali svolte senza utilizzare internet.

---

[1] Percentuale che esprime il rapporto tra le risposte ottenute o i coupon ritornati nell'ambito di un'azione pubblicitaria o promozionale e i messaggi inviati. La rilevazione di questa percentuale è di estrema importanza per la valutazione dell'efficacia di un'iniziativa: una bassa redemption è indice che le previsioni potrebbero essere disattese; se rapidamente rilevata consente le necessarie correzioni già nel corso dell'operazione.

IL GIUSTO ATTEGGIAMENTO: PRIMA DAI POI PRENDI

Abbiamo visto che cosa può fare per te il web e perché costituisce un'opportunità che è meglio non ignorare. Cerchiamo ora di capire qual è l'atteggiamento migliore per avere successo su internet.

Probabilmente quando ti trovi di fronte a un potenziale cliente sarai abituato a proporre i tuoi prodotti o servizi cercando di venderglieli, visto che ha già dimostrato interesse verso la tua attività.

Tutto questo è più che corretto, perché se una persona entra nel tuo negozio, laboratorio, ufficio, azienda o altro, lo fa perché ha bisogno o è interessata a quello che vendi.

Su internet invece non funziona così.

Lo status mentale di una persona che naviga sul web è ben diverso da quello di chi entra in un negozio per acquistare, e questo vale a prescindere dal prodotto/servizio offerto.

Per questo motivo <u>pensare di poter vendere qualcosa a chi visita il tuo sito web per la prima volta è un grave errore</u>.

Ma allora come bisogna comportarsi?

Per rispondere a questa domanda analizziamo prima di tutto il comportamento di un utente medio: che cosa cerca? Che siti esplora? Come si comporta?

La maggior parte delle persone con internet cerca di risolvere dei problemi o di esaudire dei desideri, cioè <u>online le persone cercano una soluzione</u>.

Vogliono andare a New York? Allora si mettono alla ricerca del volo e dell'hotel su misura per le loro esigenze. Vogliono trovare un ristorante? Allora cercano quello che è più vicino che faccia un certo menu o che stia

---

PROSPECT

Una delle parole più ricorrenti che potresti sentire pronunciare da un professionista del marketing è prospect. Ma cosa si intende per prospect?

Il prospect è il cliente potenziale. Nel direct marketing con questo termine si indicano coloro che hanno risposto a un'azione di mailing dimostrandosi dunque sensibili o interessati all'acquisto.

entro una certa fascia di prezzo. Hanno bisogno di un idraulico? Sempre stesso discorso, cercheranno quello più affidabile leggendo le recensioni pubblicate dai vari utenti del web.

Sai qual è il sito più utilizzato al mondo? Google, e questa è la prova lampante del fatto che quello che la gente cerca su internet è una soluzione. Google è un semplice motore di ricerca, non offre nessun contenuto, solamente aiuta, nel modo più semplice e veloce possibile, e non è cosa da poco, a trovare quello che si sta cercando.

Così, puoi immaginare che le persone che navigano sul web, oltre a essere tuoi potenziali clienti (prospect), cercano, nella maggior parte dei casi e almeno inizialmente, informazioni e non prodotti.

La maggior parte dei tuoi potenziali clienti online sono persone che cercano una soluzione a una loro particolare esigenza e non, come nel caso di chi entra in un negozio, un prodotto. Per questo motivo non devi pensare a vendere (perlomeno non subito), ma a cercare di soddisfare le esigenze dei tuoi visitatori.

E questo non è tutto. Un altro aspetto molto importante da capire è quello che nel momento in cui una persona naviga su internet è in preda a un sentimento di "puro egoismo", pensa principalmente a se stessa e ben poco a chi ha di fronte, sta cercando delle risposte e se non le troverà subito abbandonerà il tuo sito.

Così, cercando di soddisfare le esigenze dei tuoi visitatori, non fare lo stesso errore commesso da molte grandi aziende quando ripetono: "siamo leader nel settore... abbiamo 40 anni di esperienza... utilizziamo gli strumenti più moderni, ecc.".

Assolutamente no, è un po' come cercare di vendere alla prima visita, non funziona, quello che funziona è invece fornire la soluzione che il potenziale cliente sta cercando, ma questo significa parlare di lui e non di te o della tua impresa.

Certo, chiunque prima di acquistare da te vorrà sapere almeno chi sei, se hai una grande esperienza, se sei sul mercato da molti anni e con chi o per chi hai lavorato e altre informazioni che possano rassicurare e contraddistinguerti, e saranno sicuramente un punto a tuo favore rispetto ai tuoi concorrenti, ma tutto questo viene dopo, una volta che hai stabilito un certo contatto, cioè una volta che il potenziale cliente sa che da te può trovare ciò che cerca, ma, all'inizio, quello che conta per lui è la soluzione al suo problema, niente altro.

Per finire, come se non bastasse, un utente si aspetta che questa soluzione sia gratuita. La bella notizia è che questo è possibile, all'inizio, quando una persona digita sul motore di ricerca le sue parole chiave (più avanti approfondiremo anche questo). In quel momento, chi vuole sapere dove trovare l'idraulico, il ristorante o come guarire dall'acne, non ha assolutamente intenzione di pagare per queste informazioni. Ecco allora che dovrai anche <u>"educare" il potenziale cliente ad acquistare</u>. Ma che cosa significa educare?

Significa semplicemente <u>dare una motivazione efficace all'acquisto</u>, rispondere alla domanda: "Perché dovrei acquistare da te e non da qualcun altro o non acquistare affatto?". In pratica riuscire vendere il tuo prodotto/servizio.

Ma non si era detto che è sbagliato cercare di vendere subito qualcosa agli utenti di internet? Certo, vendere deve essere il tuo ultimo pensiero, perché solo così riuscirai a promuovere i tuoi prodotti o servizi – tuo obiettivo visto che hai un'attività da mandare avanti – offrendo valore. Questa è la soluzione migliore per educare un potenziale cliente, perché ti dà modo di dimostrare la tua preparazione e la tua esperienza senza venire percepito come un venditore. Ma alla fine, perché tutto abbia un senso e i conti tornino, comunque dovrai riuscire a vendere.

Per riassumere abbiamo visto che un utente su internet:

☞ cerca una soluzione a una situazione contingente,

☞ pensa solo a se stesso,

☞ all'inizio si aspetta una soluzione gratuita.

Quindi il modo migliore per avere successo su internet è quello di promuovere i propri prodotti, cercando di educare il potenziale cliente, offrendogli gratuitamente la soluzione che sta cercando.

Per riuscire a fare tutto questo devi spostare l'attenzione da te, dalla tua attività, dai tuoi possibili guadagni, al tuo potenziale cliente, insomma pensa prima a lui e vedrai che i soldi e i guadagni arriveranno come una naturale conseguenza.

Logicamente la soluzione gratuita che offrirai dovrà avere una strategia alle spalle, ma anche di questo parleremo più avanti.

GLI STEP PER VENDERE ONLINE

1° STEP — **ATTENZIONE**

L'obiettivo di questo step è quello di catturare l'attenzione del cliente nel pochissimo tempo a disposizione, spesso sollecitandone la curiosità, in modo tale che si senta disposto a concedere altro tempo per lo step successivo.

2° STEP — **INTERESSE**

L'obiettivo è di suscitare l'interesse del potenziale cliente attraverso un'azione che cerchi di mettere in relazione i bisogni con i vantaggi che il prodotto o il servizio offerto possono fornire per soddisfarli. Una delle tecniche possibili consiste nell'enfatizzare i problemi che il cliente si trova a dover affrontare a causa della mancanza di una soluzione efficace.

3° STEP — **DESIDERIO**

Ha l'obiettivo di aumentare il desiderio del cliente verso il prodotto/servizio offerto. Una delle tecniche più usate è quella di indurre il potenziale cliente a immaginare come cambierebbe in meglio la sua situazione se avesse un dato prodotto.

4° STEP — **AZIONE**

Ha l'obiettivo di indurre il cliente ad accettare l'offerta proposta attraverso delle tecniche che lo spingono ad agire.

GLI OBIETTIVI DI UN IMPRENDITORE ONLINE

Prima di iniziare ogni avventura è sempre bene stabilire quali sono gli obiettivi da raggiungere, perché, se non sai dove vuoi arrivare e verso cosa ti stai muovendo, come puoi sapere se quello che stai facendo è corretto oppure no? Quindi prima di tutto chiediti: "Qual è l'obiettivo che voglio raggiungere? Perché voglio utilizzare internet per la mia attività?"

La domanda potrebbe sembrare scontata, come pure la risposta: "Aumentare i guadagni, perbacco!". Sì, probabilmente questo è il motivo che ti ha spinto a prendere in considerazione il web, ma si tratta semplicemente del risultato che puoi ottenere perseguendo i giusti obiettivi. Ma questi obiettivi, quali sono?

A questo punto, pensandoci più attentamente, molti dicono: "Trovare nuovi clienti". Perché no, è una possibilità, e in questo modo i guadagni migliorano, altri invece: "Diffondere, far conoscere, il nome dell'azienda e dei prodotti che vendo". Ottimi obiettivi, non c'è che dire, e anche molto importanti, al punto da non dover mai perderli di vista, ma c'è dell'altro.

Sai qual è un obiettivo che molti ignorano e che può fare la differenza fra un'attività che impiega internet per ottenere risultati migliori e una che può considerarsi un caso di successo a tutti gli effetti?

<u>Fidelizzare i clienti già acquisiti</u>. Semplice no? Eppure, da quello che si può vedere online, sembra che tanti professionisti e imprenditori l'abbiano dimenticato.

Concludere una vendita con chi già ha provato i tuoi prodotti o servizi è mediamente 7 volte meno costoso rispetto a trovare un nuovo cliente, perché questa persona conosce bene il valore del tuo lavoro, l'ha già testato e ne è rimasta soddisfatta (ovviamente do per scontato che i tuoi prodotti siano di qualità e che non tenti di ingannare nessuno).

Inoltre, cercare di fidelizzare sempre di più i propri clienti, per fare in modo che tornino, è la strada migliore per creare dei veri e propri "amici" disposti a parlare di te ai loro conoscenti, perché ti considerano il migliore o comunque molto competitivo sul mercato.

Questo non significa che devi dimenticarti del mondo esterno e limitarti solo a chi già ha acquistato da te, assolutamente no, anzi devi sempre cercare di aumentare i contatti e i clienti a cui rivolgerti, ma <u>il primo obiettivo che devi cercare di raggiungere attraverso il web è quello di fidelizzare chi ti ha già mostrato la sua fiducia</u>.

Questa peraltro è una regola che va applicata anche al mondo offline, ma su internet è molto più semplice ed economico riuscirci, perché gli strumenti che hai a disposizione sono veramente tanti e molto potenti, uno su tutti i social media (li vedremo meglio più avanti), che possono darti l'enorme possibilità di creare un gruppo di affezionati pronti a leggere ogni tua news e a parlare di te con amici e conoscenti. Mica male no?!

Quindi, riassumendo, in questo capitolo abbiamo visto:

☞ perché nessun professionista o imprenditore dovrebbe ignorare internet;

☞ come sta cambiando la realtà attorno a noi;

☞ l'utilizzo in Italia del web e la sua crescita;

☞ il giusto atteggiamento per avere successo online;

☞ il comportamento tipico di un utente che naviga in internet;

☞ i principali obiettivi – compreso quello primario e fondamentale – che un imprenditore deve cercare di raggiungere online.

SOCIAL MEDIA E WEB 2.0

Social media e Web 2.0 sono termini oggi molto in voga e indicano tutte quelle attività on line che fondono insieme interazione sociale e creazione di contenuti. Grazie ai social media, è possibile creare contenuti, organizzarli, commentarli, modificarli, combinarli o semplicemente condividerli con altre persone.

Ecco alcune delle parole più ricorrenti:

RSS: è un sistema presente sui siti di informazione che avvisa, chi lo ha richiesto, che è stato pubblicato un nuovo contenuto;

Blog: siti, in genere personali, strutturati come una sorta di diario;

Wiki: siti di condivisione e di costruzione collettiva della conoscenza. Il più noto è quello dell'enciclopedia Wikipedia;

Sharing: siti di condivisione di foto (es.: Flickr), video (es.: Youtube), ecc...

Social network: siti che consentono agli utenti di trovarsi, aggregarsi per aree di interesse, connettersi e scambiarsi contenuti (es.: Myspace, Facebook, Linkedin);

Mashup: sistemi che permettono di includere dinamicamente informazioni e contenuti provenienti da più fonti aggregandoli in un nuovo contenitore.

Capitolo II

SITO O BLOG: QUALE SCEGLIERE?

Iniziamo ora a vedere il lato pratico e più operativo del web marketing e i principali strumenti necessari per sfruttare internet a vantaggio della tua attività offline facendo leva sulla tua presenza online.

Prima questione: meglio un sito web o meglio un blog?

Brevemente e semplificando possiamo dire che un sito web è composto da una o più pagine, statiche o dinamiche, collegate fra loro da alcuni link.

Un blog, invece, è un particolare sito web di comunicazione bidirezionale che mostra i contenuti in ordine cronologico e che viene aggiornato, anche con contenuti multimediali, più o meno regolarmente da uno o più blogger.

Ecco, a puro titolo di esempio, alcuni dei blog italiani più noti e visitati:

Il Post	Nothing2Hide	Tvblog
Blog di Beppe Grillo	Michele's Blog	Ecoblog
Giornalettismo	Due chiacchere	Polisblog
Blogghissimo	Spinoza	Wittgenstein
Ilbloggatore	Manteblog	Il disinformatico
Mukkamu	Piovono rane	Leonardo
Carmilla on line	Nazione indiana	Gad Lerner
Iphone Italia	Cineblog	La poesia e lo spirito
Ciwati	Il cavoletto di Bruxelles	Pietro Ichino
Macchianera	Phastidio.net	Melablog
Booksblog	Downloadblog	Lipperatura
Davide Maggio's blog	Minima & moralia	LoSpazioBianco
Geekissimo	Il Giornalaio	Soundsblog

COS' È UN BLOG

Un blog è uno strumento di comunicazione dove è possibile pubblicare notizie, pensieri, opinioni e comunicare con altri utenti in <u>forma bidirezionale</u>.

La sua struttura è schematica: a ogni post (notizia, articolo, ecc.) è dedicata una pagina contenente il messaggio e alcuni strumenti accessori come commenti e trackback.

I <u>commenti</u> permettono ai visitatori di inviare dei feedback rispetto a quanto scritto dall'autore (mi piace o non mi piace e perché), il <u>trackback</u> è invece un sistema che consente di ricevere notifiche da altri blog in seguito alla citazione di un nostro post.

Gli interventi (<u>post</u>) sono generalmente associati a delle categorie tematiche che costituiscono, di conseguenza, il primo dei due archivi più comuni. Il secondo è l'archivio per data, dove è possibile visualizzare i messaggi inseriti in un determinato periodo.

A seconda delle necessità (e della piattaforma) il blog in genere offre degli strumenti accessori, come ad esempio un motore di ricerca interno e i feed.

I <u>feed</u> (RSS o Atom) sono dei file generati automaticamente dai blog (ma non solo), attraverso cui è possibile sapere quando un sito viene aggiornato senza tuttavia andare sul sito stesso ma utilizzando i cosiddetti aggregatori, ossia delle interfacce che permettono di monitorare contemporaneamente le news di più blog.

Il blog normalmente non prevede tempistiche o scadenze predefinite per la pubblicazione dei post.

Ma torniamo alla nostra domanda: meglio un sito web o un blog?

La mia risposta è: sicuramente un blog, anche se ha uno svantaggio che porta molte aziende a scegliere un sito web statico. Quale?

Vediamo prima perché ho detto che è sicuramente meglio scegliere un blog e quali sono i suoi vantaggi rispetto a un semplice sito.

I VANTAGGI DI UN BLOG

Un blog, se ben congegnato, può diventare la tua casa online, il punto di riferimento per tutti i tuoi clienti, un luogo dove sapranno di poter trovare tutte le informazioni di cui hanno bisogno, su di te e sulla tua attività.

A onor del vero questo è possibile anche con un semplice sito web, ma la differenza è che con un normale sito web non puoi interagire apertamente con i tuoi visitatori, non puoi sollecitare dibattiti, coltivare un rapporto, aggiornarli pubblicamente e così via, ma vediamo uno per uno questi vantaggi.

Il primo in assoluto è l'interazione che puoi attivare con i visitatori, visto che su un blog possono lasciare liberamente i loro commenti, esprimere opinioni sui tuoi prodotti, sulle tue news, insomma su tutto il materiale che rendi disponibile.

Che cosa significa questo? Che se fai un buon lavoro e offri prodotti validi, saranno molte le persone che lasceranno commenti positivi, importantissimi per influenzare a tuo vantaggio nuovi potenziali clienti.

Ok. E i commenti negativi? Saranno inevitabili. Anche se svolgi il tuo lavoro alla perfezione, ci sarà sempre una piccola percentuale di visitatori che non sarà contenta di te, di come lavori, e dei tuoi prodotti, ma non preoccuparti perché, se hai fatto tutto nel migliore dei modi, sarà solo una piccola parte. Inoltre, rispondendo a queste persone, potrai addirittura dimostrare la tua preparazione e far conoscere le tue ragioni, accrescendo così la tua autorevolezza agli occhi di tutti quelli che ti leggono. Mica male no?!

Un blog ti offre la possibilità di dimostrare le tue abilità e la tua competenza, anche attraverso gli aggiornamenti e i contenuti che via via offrirai ai tuoi visitatori pubblicandoli in rete.

Questo è possibile perché, ritornando a quello che le persone cercano, cioè una soluzione ai loro problemi/desideri/bisogni/esigenze, puoi usare il tuo blog non solo per le comunicazioni strettamente legate alla tua attività (nuovi prodotti, sondaggi, modalità di spedizione, ecc.) ma puoi, anzi devi (perché è qui che sta parte del possibile successo che puoi riscuotere in rete), offrire contenuti di interesse più ampio che forniscano informazioni su determinati argomenti.

Oltre a ciò, con un blog puoi anche far interagire i tuoi visitatori fra loro. In pratica hai a disposizione gli strumenti per creare una comunità attorno alla tua attività, un gruppo di persone cioè che si relazionano tra loro e con te, cosa che con un tradizionale sito web non è possibile.

Poi un blog è più semplice da indicizzare sui motori di ricerca, di conseguenza con alcune parole chiave è più facile raggiungere le prime posizioni nella lista dei siti pertinenti (posizioni che generano più visite) e, di conseguenza, è più facile ricevere visite di utenti provenienti da Google, Yahoo!, Bing, ecc.

Alla base dell'indicizzazione sui motori di ricerca c'è il contenuto, tant'è che è stata addirittura coniata la frase *"the content is the king"*, cioè il contenuto è il re. Mentre su un normale sito web i contenuti sono molto stabili, statici, in un blog, che per sua natura per essere aggiornato non richiede particolari conoscenze informatiche, i contenuti possono aumentare molto velocemente grazie agli aggiornamenti e al materiale che via via viene reso pubblico dal redattore (blogger).

Fino a questo punto abbiamo visto i vantaggi di un blog per quanto attiene a quantità di informazioni che è possibile inserire in breve tempo e interazione con i navigatori del web, ma non è tutto, perché un blog può anche essere utile per acquisire clienti e per effettuare delle ricerche di mercato.

Vediamo come.

Sul versante acquisizione clienti con un blog quello che puoi fare è "educare" i tuoi potenziali clienti, attraverso una strategia di comunicazione mirata e continuativa, ad apprezzare e successivamente ad acquistare i tuoi prodotti/servizi. Certamente non è l'unico strumento da utilizzare, più avanti ne vedremo altri, ma si tratta di un mezzo che può potenziare notevolmente le tue possibilità di persuasione del cliente, quindi, se ben usato, è anche un ottimo strumento per acquisire nuovi clienti.

Invece, per quanto riguarda le ricerche di mercato, il blog è utile perché ti consente di ottenere informazioni molto importanti. Infatti, ascoltando attentamente i tuoi visitatori, leggendo fra le righe dei vari commenti anche ciò che non è scritto e analizzando i dati delle statistiche di navigazione, potrai capire quali aspetti sono per loro più interessanti e quali meno, quali sono le difficoltà, le aspettative, ecc.

Questi dati potranno aiutarti a realizzare l'identikit delle persone a cui ti stai rivolgendo, consentendoti dunque di allineare i tuoi prodotti/servizi alle esigenze del mercato di riferimento e di tarare al meglio, rendendole più efficaci, le iniziative commerciali. Si innescherà così un circolo virtuoso di reazioni positive (clienti felici e fidelizzati, passaparola, aumento dei nuovi clienti, ecc.) che non potrà che migliorare il business della tua attività.

Ecco perché preferisco un blog rispetto a un tradizionale sito internet.

Ricapitolando:

☞ puoi interagire con i tuoi visitatori e farli interagire fra loro,

☞ è un ottimo strumento per tenere aggiornati i clienti, sia potenziali che acquisiti,

☞ puoi con una relativa facilità dimostrare il valore del tuo lavoro attraverso contenuti informativi di qualità,

☞ non sono necessarie particolari conoscenze informatiche per aggiornare i contenuti,

☞ rispetto a un sito web tradizionale è più facile da indicizzare e quindi è più facile ottenere visite di nuovi utenti grazie ai motori di ricerca,

☞ puoi acquisire più facilmente nuovi clienti, perché attraverso un blog puoi "educare" i visitatori,

☞ è una miniera di informazioni per le tue ricerche di mercato.

Questi in sintesi sono i vantaggi più importanti di un blog. Ma c'è anche un possibile problema. Sai qual è?

Il tempo. Un blog non è un semplice sito che basta creare e "parcheggiare" su internet per poi aspettare di ricevere ogni giorno nuovi clienti, assolutamente no. Un blog ha bisogno di tempo, tempo da dedicargli per poter raccogliere dei frutti che, poi, ripagheranno gli sforzi compiuti. Il problema è sempre lo stesso: con internet l'atteggiamento corretto per avere successo è "prima dai poi prendi". Questo è l'unico vero grande problema, quello che spinge sempre più aziende ad abbandonare i loro blog e a scegliere strade meno impegnative, ma anche molto meno efficaci.

Quindi qual è la tua scelta? Un sito o un blog?

Se vuoi sfruttare internet in modo professionale e non vuoi restare indietro rispetto ai tuoi concorrenti, soprattutto se il tuo è un mercato molto competitivo, non hai scelta, la migliore strada percorribile è quella del blog, anche se richiederà molto più tempo e più impegno nella gestione.

I FERRI DEL MESTIERE

Ci sono alcuni elementi indispensabili, se vuoi che internet sia utile per la tua attività offline. Per quanto riguarda un blog sono:

☞ *hosting,*

☞ *dominio,*

☞ *strumento per la raccolta di dati statistici.*

Escluso lo strumento per la raccolta di dati statistici sul tuo blog, che vedremo più avanti, l'hosting e il dominio sono la base da cui partire per creare la tua "casa" online.

L'<u>hosting</u> è lo spazio fisico che hai sui server, potenti computer praticamente sempre collegati alla rete, dove viene caricato tutto il materiale digitale del tuo blog, mentre il <u>dominio</u> è il nome/indirizzo del tuo sito web (ad esempio: www.ilnomedellamiaimpresa.com).

Per semplicità si può paragonare l'hosting all'edificio della tua attività, dove ci sono uffici, macchinari, documenti, ecc. mentre il dominio è paragonabile alla via dove è sito quell'edificio.

Questi due elementi sono fondamentali per la tua presenza online e proprio per questo si tratta dei primi investimenti che non puoi assolutamente ignorare, ma non aver paura perché si tratta di spese di poco conto.

Per quanto riguarda l'hosting, le possibilità sono veramente infinite e proprio per questo mi limiterò a elencarti i due servizi che utilizzo personalmente:

☞ Netsons,

☞ Hostgator.

Il primo è un servizio italiano e si tratta di una buona soluzione, se non hai grandi necessità, visto che offre un server condiviso di buon livello a un prezzo molto competitivo.

Questa è la soluzione base che ti consiglio di sfruttare solo per i primi tempi, successivamente è preferibile utilizzare un servizio americano, Hostgator, che con una spesa un po' più elevata offre tuttavia un server dedicato con molte più possibilità.

SERVER CONDIVISO O SERVER DEDICATO?

La scelta del tipo di servizio di hosting per la pubblicazione di un sito è soggettiva.

Lo spazio web su server condiviso è la soluzione più economica, il sito viene pubblicato su un server che ospita anche altri siti. È una soluzione valida per quei siti che generano poco traffico mensile e che non necessitano di risorse hardware dedicate.

Il costo per l'acquisto del servizio è basso, ma non si è a conoscenza di quali altri siti sono ospitati sullo stesso server, se utilizzano troppe risorse, se sono progettati male e mettono sotto sforzo il server.

Il server dedicato è necessario per progetti di più ampio respiro che necessitano di risorse hardware dedicate e il controllo completo del server dove è pubblicato il sito. Il server dedicato è in gestione al provider, che si occupa della manutenzione, dell'aggiornamento del server e del software installato (antivirus, sistema operativo, database, ecc...), ma il cliente può provvedere alla configurazione del servizio secondo le proprie esigenze.

Quindi a te la scelta, utilizzare inizialmente un servizio ridotto, ma più economico, per poi spostare i tuoi contenuti verso server dedicati in un secondo tempo oppure scegliere fin dall'inizio un servizio più potente ma anche leggermente più costoso.

Se decidessi di affidarti solo in un secondo tempo a un servizio di server dedicato, sarai poi costretto a trasferire tutto il materiale pubblicato, un processo che a volte può rivelarsi lungo e difficoltoso. Quindi, se hai poca dimestichezza con le questioni tecniche, ti consiglio di scegliere fin da subito un hosting da mantenere per lungo tempo.

Per quanto riguarda il dominio, invece, sarà compreso nel pacchetto quando acquisterai il servizio di hosting. Visto che la tua attività ha già un nome, non penso siano necessarie altre parole circa il nome da scegliere per il dominio se non per il fatto dell'estensione (.it .com .net ecc.).

Quale adoperare? Se ti rivolgi solamente al mercato italiano, allora .it può essere la soluzione migliore. Tuttavia, nel caso tu scelga un servizio hosting su server americani, sarai costretto ad acquistarlo attraverso un servizio italiano (uno qualsiasi) e poi a trasferirlo.

Se hai difficoltà per quanto riguarda queste operazioni puoi altrimenti utilizzare un dominio .com che è una soluzione altrettanto valida.

LE ESTENSIONI DI DOMINIO

Registrare un dominio Internet consiste generalmente nel chiedere l'uso esclusivo di un nome a dominio di secondo livello, a cui corrisponderà un indirizzo web.

Il suffisso .it è un dominio di primo livello (detto anche ccTLD ovvero Country-Code Top-Level Domains) concesso dall'ICANN (l'ente internazionale che ha la responsabilità di assegnare gli indirizzi internet e di gestire il sistema dei nomi a dominio) in esclusiva al CNR di Pisa (in particolare all'istituto IIT).

Registrare il dominio nomeimpresa.it significa chiedere al CNR l'utilizzo del nome nomeimpresa.it (o dominio di secondo livello) per un periodo di 12 mesi, rinnovabile di anno in anno.

Richiedere un nome a dominio vuol dire quindi scegliere sia il nome per il secondo livello (es. nomeimpresa) che la sua estensione (ovvero il dominio di primo livello ad esempio .it o .com).

Le richieste vanno inviate ai rispettivi Registri (delegati dall'ICANN) tramite operatori del settore, detti Registrar o Maintainer.

La scelta di una estensione di dominio spesso si fonda solo su aspetti comunicativi o simbolici, oppure semplicemente sulla disponibilità del nome (un nome a dominio è infatti unico in tutta la rete Internet). Qualsiasi nome a dominio è raggiungibile da qualunque parte della rete. Scegliere un dominio .it dà pertanto la stessa visibilità di un dominio con qualsiasi altra estensione.

Tuttavia alcune tipologie di dominio possono essere registrate solo da determinati utenti. Ad esempio i domini con estensione .it (sebbene visibili in tutto il mondo) possono essere registrati solo da cittadini, enti o aziende dell'Unione Europea (stessa regola vale anche per i domini .eu).

Qualunque sia il servizio che scegli, l'importante è utilizzare sia un dominio sia un hosting tuoi ed evitare assolutamente servizi gratuiti.

Una volta che hai un hosting e un dominio, non resta altro da fare che installare il tuo blog.

A questo proposito esistono molti strumenti che facilitano la gestione dei contenuti del tuo blog, ma il migliore compromesso per quanto riguarda la personalizzazione, la professionalità e la semplicità ritengo sia *Wordpress*.

Si tratta di un servizio gratuito che, se utilizzi i servizi di hosting appena visti, puoi installare con due semplici click utilizzando le applicazioni *Fantastico* (Hostgator) e *Installatron* (Netsons).

PRINCIPALI ESTENSIONI DI DOMINIO

.com ☞ Tipologia di dominio aperto a qualsiasi persona o entità. Chiunque può registrare nomi a dominio con questa estensione.
In genere l'estensione .com suggerisce la presenza di un sito web commerciale. Pertanto è particolarmente consigliato a società, ditte o aziende che operano su mercati nazionali e internazionali.

.it ☞ La registrazione è permessa a privati, aziende e organizzazioni con residenza in uno stato dell'Unione Europea, previo invio della richiesta a un registrar accreditato da Registro.it.
Il dominio di tipo .it è consigliato a privati e ad aziende europee che vogliono sottolineare l'identità italiana o il collegamento con l'Italia.

.net ☞ Aperto a qualsiasi persona o entità, la registrazione non ha vincoli politici o commerciali. In genere il dominio .net (network) è consigliato a privati o aziende quando .com non è più disponibile. Questa estensione di dominio fu creata in origine dalle autorità telematiche USA per aziende operanti nel settore delle reti e delle telecomunicazioni. Successivamente furono tolte tali restrizioni.

.org ☞ Aperto a qualsiasi persona o entità, la registrazione non ha vincoli politici o commerciali. In genere il dominio di tipo .org (organizzazione) è consigliato per organizzazioni non a scopo di lucro, siti personali, progetti open source, enti commerciali.

.biz ☞ Tipologia di dominio aperta a qualsiasi persona o entità, senza vincoli politici o commerciali. Indicato per siti web commerciali, viene in genere richiesto quando .com e .net non sono più disponibili.

.info ☞ Tipologia di dominio senza restrizioni, politiche, geografiche o commerciali, è richiesto per siti web di informazione e news, ma può essere utilizzato anche per siti web personali o aziendali.

.name ☞ Progettato per siti web personali, dovrebbe avere la struttura nome.cognome.name, ma attualmente la struttura del dominio è libera (sebbene riservata solo a persone fisiche). Pertanto è possibile registrare qualsiasi nome a dominio libero con estensione .name.

.eu ☞ Il registro dei nomi a dominio .eu è tenuto dall'EURid. Gli individui, le aziende o le organizzazioni che vogliono registrare questa tipologia di dominio devono risiedere o avere sede nell'UE.

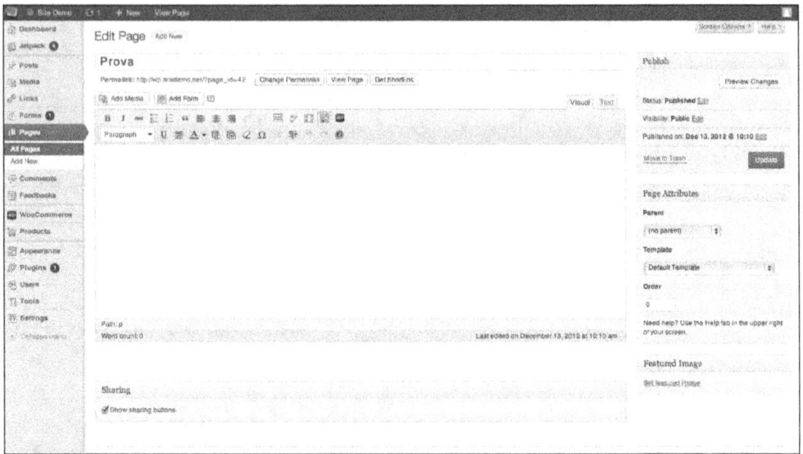

Una schermata di Wordpress, come si vede l'interfaccia grafica è molto simile a quella di un normale editor di testo.

Wordpress è un CMS (*Content Management System*) open-source sviluppato in PHP, cioè, in parole povere, una piattaforma per la realizzazione di siti internet e per l'amministrazione di contenuti testuali, grafici e multimediali.

Concepito per essere utilizzato anche dall'utenza meno esperta, per il fatto di essere da una parte molto semplice da utilizzare e dall'altra molto ricco di funzionalità facilmente incrementabili tramite plugin è uno degli script più utilizzati per la creazione di pagine web dinamiche.

Di plugin ne esistono moltissimi e ognuno può aiutarti a dare un tocco personale al tuo blog ma, tra i tanti, ce ne sono alcuni che non puoi evitare di installare e sono:

- ☞ All in one seo pack,
- ☞ Google xml sitemap,
- ☞ Shareaholic.

PLUGIN

Il plugin o plug-in, o add-in o add-in o addon o add-on, è un programma non autonomo che interagisce con un altro programma per ampliarne le funzioni. La capacità di un software di supportare i plugin è generalmente un'ottima caratteristica, perché rende possibile l'ampliamento e la personalizzazione delle sue funzioni in maniera semplice e veloce.

Mentre i primi due non possono mancare per facilitare l'indicizzazione sui motori di ricerca, l'ultimo non è strettamente necessario ma ti consiglio fortemente di installarlo.

In pratica *All in one seo pack* serve per facilitare l'indicizzazione dei tuoi contenuti. Una volta installato, ti basterà andare sulle impostazioni e modificare le voci "Home title" e "Home description" inserendo le tue parole chiave (più avanti vedremo come sceglierle) per migliorare notevolmente l'indicizzazione sui motori di ricerca.

Google xml sitemap invece è un'estensione che serve per creare facilmente una mappa del tuo sito, semplificando e velocizzando così il lavoro di Google. Una volta installata, potrai trovare la mappa del tuo sito all'indirizzo http://www.tuosito.com/sitemap.xml   e sottoporla ai vari motori di ricerca, cosa che comunque farà il plugin per te.

Shareaholic, infine, serve per facilitare la condivisione dei nuovi articoli e delle pagine sui vari social media, sarà infatti sufficiente installarlo per avere poi a disposizione dei pulsanti utili per una rapida condivisione.

Questi sono solo i primi tre plugin da installare, ma questo non significa che devi fermarti qui, anzi, esistono moltissime altre funzioni che potrai scoprire e integrare col tempo per rendere il tuo blog sempre più dinamico e funzionale.

Quello di cui vorrei parlarti adesso è uno strumento gratuito di Google che offre la possibilità di monitorare i visitatori del tuo blog, e cioè di sapere quanti sono, come arrivano sul sito e come si comportano una volta arrivati, questo strumento si chiama *Google analytics*.

Impostarlo è molto semplice, infatti puoi utilizzare un altro plugin *Google Analytics for Wordpress*, seguire le indicazioni e vedere collegato il tuo account analytics al tuo blog Wordpress.

Tenere traccia dei tuoi visitatori è fondamentale, infatti solo così è possibile riuscire a sapere dove è meglio operare per ottenere risultati migliori e quali aree o strumenti del tuo blog/sito sono meno efficaci.

Oltre a monitorare i visitatori, analytics ti offre la possibilità di tenere d'occhio le conversioni, vale a dire quando un visitatore compie un'azione specifica che gli è stata in qualche modo proposta, sia questa l'iscrizione alla tua mailing list piuttosto che l'acquisto di un tuo prodotto o altro ancora.

Analytics è molto importante perché non solo ti consente di conoscere il numero dei visitatori, ma anche come si comportano quando navigano il tuo sito. Puoi così sapere da dove arrivano, quali sono le pagine più condivise, quali quelle più visitate e più apprezzate, ecc.

Osservando tutto questo potrai così progressivamente migliorare le prestazioni del tuo blog e, di conseguenza, anche i risultati della tua attività, dedicando più tempo alle fonti di traffico che rendono di più (non solo in termini di visitatori ma anche dal punto di vista delle conversioni).

Per concludere, appena dopo aver installato Wordpress sul tuo web server (host) e prima di iniziare a scrivere i primi articoli, imposta il tuo account Google analytics.

MAILING LIST

Lista di indirizzi e-mail a cui inviare comunicazioni tramite posta elettronica.

ACCOUNT

Creare o acquistare un account vuol dire fare una richiesta affinché vengano concessi dei dati identificativi (user ID e password) con cui essere riconosciuti univocamente quando si accede a un servizio in rete.

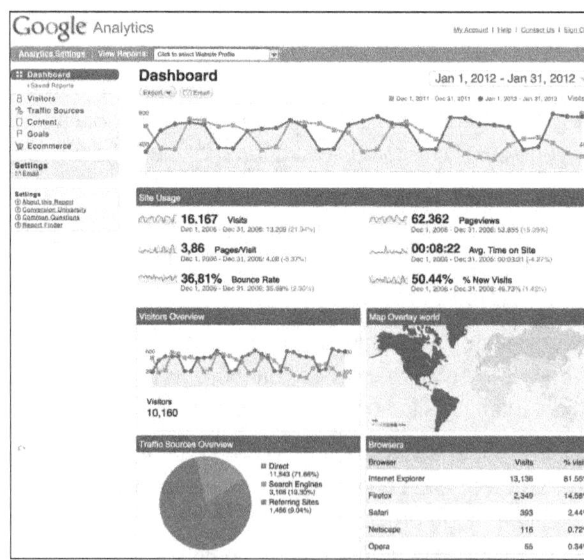

Una schermata di Google analytics.

LA GRAFICA

Uno degli aspetti più rilevanti di un blog è la grafica.

Prima di tutto cerchiamo di rispondere alla domanda che molti si fanno: meglio fare da soli o delegare?

A meno che la grafica non sia la tua passione o la tua attività, il mio consiglio è di utilizzare delle risorse esterne, visto che, contrariamente a quanto si crede, si tratta di un'attività particolarmente complessa in cui non è possibile accontentarsi di soluzioni raffazzonate.

Con Wordpress, hai 3 possibilità:

☞ utilizzare dei template gratuiti,

☞ utilizzare dei template premium,

☞ affidarti a un professionista.

Vediamole una a una.

La soluzione più economica e basilare è quella di utilizzare un template (un modello grafico già pronto per essere installato sul tuo blog) gratuito. Questa è però la soluzione meno professionale perché, anche se puoi trovare delle buone grafiche, non potrai ovviamente avere a disposizione le stesse funzionalità che ha un template di tipo premium.

Con una spesa di poche decine di Euro puoi invece avvalerti di un template premium che, rispetto a quello gratuito, consta di una veste grafica più rifinita e di funzionalità aggiuntive. Questa è l'opzione che ti consiglio di scegliere, visto che con una spesa tutto sommato esigua potrai dare al tuo blog un aspetto professionale. Ovviamente, questa è la soluzione migliore a meno che tu non possa permetterti un professionista esterno.

Avvalendoti di un professionista esterno potresti infatti avere un tema personalizzato su misura per le tue esigenze, si tratta però di un'opzione decisamente più costosa.

Quindi il mio consiglio per ottimizzare la tua presenza online, senza sostenere spese eccessive, è quella di avvalerti di un template premium per il tuo blog Wordpress. È una soluzione di compromesso più che dignitosa tra la ricerca della qualità grafica e il prezzo, soluzione che peraltro ti consentirà di guadagnare tempo e di focalizzarti maggiormente verso altri aspetti dove il tuo apporto è più importante.

Questo perché, anche se la grafica ha un ruolo importante, quello che veramente fa la differenza è il contenuto del tuo blog, ricordati la frase *"the content is the king"*, il contenuto è il re.

Bene. Andiamo ora a vedere come strutturare i contenuti del tuo blog, la parte più importante e che non puoi delegare a nessuno, se non all'interno della tua attività nel caso tu abbia qualche collaboratore di fiducia.

IL TEMPLATE

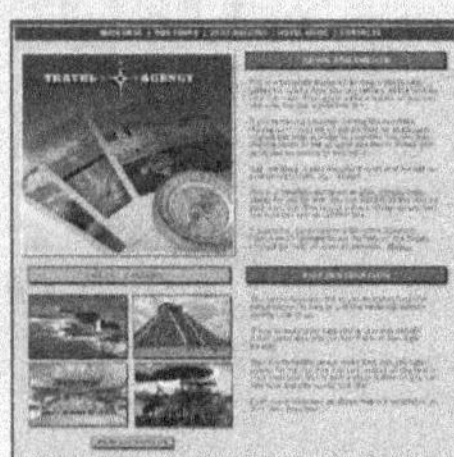

Il template è una veste grafica precostituita per il sito web.

I template sono nati per conferire un'impronta grafica professionale ai vari blog/siti, senza la quale potrebbero apparire piatti, privi di stile, nell'ottica però di un contenimento dei costi tale da rendere la grafica professionale di fatto accessibile a tutti.

L'impatto visivo di un sito è molto importante perché chi naviga tende ad associare lo stile e la validità grafica del blog/sito con la qualità dei servizi/ prodotti in esso offerti.

La veste grafica è il volto di un blog/sito web, è cioè quella parte del blog/sito web che, sebbene sia la più superficiale, è destinata a caratterizzare il sito a tal punto che il navigatore di primo acchito assocerà al sito web visitato questa peculiarità più di altre caratteristiche più intrinseche e meno superficiali. Per questo una buona veste grafica è fondamentale per il successo di qualsiasi blog/sito web.

Alcuni esempi di template per siti web.

I CONTENUTI: DALL'IDEA ALLA PUBBLICAZIONE

La prima domanda a cui cercare di rispondere è: che forma debbono avere i contenuti?

Possono avere le forme più diverse, dal classico articolo scritto fino ai video passando per gli eventi in diretta, quindi quale scegliere allora? Qual è la forma migliore da utilizzare?

Non ne esiste una che sia in assoluto la migliore rispetto alle altre. Certo, scrivere degli articoli è più semplice, almeno per molti, rispetto al registrare un video davanti a una telecamera, che però, se ci sai fare, può essere di maggior presa verso i tuoi clienti.

I video infatti sono tanto efficaci che, anche in Italia, si iniziano a vedere i primi video-blog, cioè blog strutturati unicamente con contenuti sotto forma di video.

La scelta ottimale il più delle volte è quella di cercare di creare un mix tra le varie modalità espressive possibili, magari utilizzando la scrittura nella maggior parte dei casi e, ogni tanto, registrando un file audio o un video.

Dovendo iniziare da zero, è bene sapere che i file audio sono più facili da confezionare rispetto a quelli video e richiedono anche una minore attrezzatura. Se poi ci dovesse essere, almeno inizialmente, un certo imbarazzo nel parlare davanti a un microfono o a una telecamera si può ovviare con alcuni semplici accorgimenti.

Nei file audio, ad esempio, non è detto che debba essere per forza tu a parlare, puoi infatti avvalerti di qualcuno con una bella voce e senza particolari inflessioni, oppure utilizzare delle interviste a terzi.

Anche nel caso delle interviste sono molte le possibilità, puoi fare delle domande a un esperto che conosci, puoi registrare la testimonianza di alcuni tuoi clienti, ecc... Se utilizzi dei testimoni non solo crei dei contenuti da pubblicare, ma anche credibilità, visto che i testimoni fanno leva sul principio, molto forte, della riprova sociale.

Per quanto riguarda le sole registrazioni audio quello che ti serve, oltre a un buon microfono (spesa attorno ai 20-30 €), è un programma per registrare e modificare la tua voce. Io ti consiglio *Audacity*, è completamente gratuito ed è semplice da utilizzare.

Invece per registrare delle interviste puoi tranquillamente utilizzare il programma *Mp3 skype recorder*, che registra le tue conversazioni sul servizio *Skype*, conversazioni che possono poi essere modificate come preferisci con Audacity.

Ora passiamo ai contenuti veri e propri perché, qualunque sia il formato con cui deciderai di crearli, hai bisogno di trovare l'idea da cui partire. Di cosa parlerai nel tuo articolo o nel tuo video? Questo è probabilmente l'ostacolo più grande nella gestione di un blog, perché creare continuamente nuovi contenuti e con una certa regolarità è una sfida tutt'altro che semplice, questo peraltro è il motivo per cui molti decidono di utilizzare un sito web piuttosto che un blog.

Tuttavia, con le indicazioni che stai per leggere, imparerai i metodi migliori per trovare sempre nuove idee riguardo agli argomenti del tuo blog.

SKYPE

Skype è un programma scaricabile liberamente da internet che consente di chiamare gratuitamente dal proprio computer, quasi come fosse un apparecchio telefonico, chiunque sia registrato a esso. Permette anche di chiamare telefoni fissi e cellulari ma, in questi casi, la chiamata ha un costo.

Effettuato il download del programma, occorre installarlo mediante una semplice procedura, registrarsi e aggiungere alla rubrica i nomi utente di coloro che si desidera chiamare.

Per conversare si possono utilizzare sia il microfono e le casse del proprio pc sia delle cuffie dotate di microfono. Per ciò che concerne la qualità audio le cuffie rappresentano la soluzione migliore. Se il computer è dotato di webcam si possono anche effettuare videochiamate.

Le persone che si desidera contattare debbono essere inserite nella propria rubrica. Se tuttavia non si conosce il loro nome utente, dal menu "Strumenti" basta selezionare la voce "Cerca utenti Skype" per cercare un utente per nome oppure mediante una qualunque informazione che egli abbia inserito nel proprio profilo.

Se si desidera parlare con più persone contemporaneamente è possibile attivare la modalità conferenza. Per farlo basta selezionare i contatti nella rubrica tenendo premuto il tasto ctrl e cliccare sui loro nomi con il mouse.

Prima di tutto è importante capire che quando scrivi o parli dovrai sempre cercare di offrire qualcosa che interessi il tuo pubblico e possibilmente evitare i contenuti duplicati o copiati da altri siti (con gli ultimi aggiornamenti Google penalizza infatti questo tipo di comportamenti).

Fatta questa precisazione, vediamo come trovare l'ispirazione.

Prima di tutto fai un "giro" fra blog, community, gruppi, forum, Google news, ecc. che trattano argomenti simili o collegabili ai tuoi.

All'interno di questi siti, poi, cerca gli articoli o gli interventi che hanno suscitato maggior interesse, cioè più commenti, più condivisioni sui social media e così via.

Questo ti serve per capire meglio quali sono le aree più interessanti per il tuo pubblico e, quindi, quelle sulle quali dovrai concentrarti di più.

Le idee per i tuoi contenuti poi possono arrivare da tantissime parti, per esempio da un'esperienza vissuta durante la giornata, ma quello che veramente è importante non è tanto come trovare l'ispirazione o dove andarla a cercare, ma tenere gli occhi sempre aperti, perché l'ambiente circostante può essere una fonte inesauribile di idee, se solo ci si mette nell'atteggiamento di osservare attentamente ciò che ci circonda.

Altri contenuti possono essere quelli di aggiornamento, che puoi usare per l'uscita di un nuovo prodotto, di una promozione o di quant'altro riguarda la tua attività offline.

C'è inoltre la categoria dei contenuti creativi, in cui puoi dare libero sfogo alla tua inventiva. Per esempio, potresti usare un nuovo articolo per pubblicizzare un concorso fra i tuoi fedeli visitatori e clienti.

In certi casi, quando sei a corto di idee, puoi anche chiedere apertamente ai visitatori del blog e ai tuoi clienti che genere di contenuti preferiscono ricevere e su quali argomenti.

Infine, l'ultima strategia che puoi utilizzare per trovare l'ispirazione sono i Plr (*private label rights*) cioè gli articoli liberi da diritti e che quindi puoi riutilizzare liberamente.

Sui Plr però è necessario fare una precisazione perché, se sono una buona alternativa per chi è in crisi creativa, tuttavia, benché la loro licenza lo consenta, non dovrebbero mai essere utilizzati così come vengono acquistati, si dovrebbe cioè cercare sempre di rielaborarli aggiungendo un proprio tocco personale, come ad esempio delle osservazioni o i propri punti di vista.

Solo in questo modo non si rischia di pubblicare contenuti duplicati che, oltre a nuocere alla reputazione online, possono far incorrere in qualche penalizzazione nel posizionamento del blog sui motori di ricerca.

PRIVATE LABEL RIGHT

Questo tipo di licenza viene utilizzata per vari prodotti digitali, quali articoli, ebooks, software, modelli grafici, ecc.

Vi sono cioè sul mercato dei contenuti audio, video, testuali, ecc. che, una volta acquistati in licenza dal produttore, è poi possibile modificare liberamente in base alle proprie esigenze.

Da un ebook acquistato con licenza Plr si può, ad esempio, creare degli estratti da omaggiare poi come bonus ai propri clienti, rimaneggiare parte dei testi per ricavarci una serie di articoli, ecc. Vi sono alcuni casi in cui, addirittura, c'è chi compra un libro in formato elettronico con licenza Plr e, cambiata la grafica di copertina e messo il proprio nome come autore, con un po' di faccia tosta, lo rivende a terzi.

Se i prodotti informativi con licenza Plr sono per certi aspetti molto vantaggiosi perché consentono di confezionare contenuti in tempi estremamente ridotti grazie a un semplice lavoro, anche minimo, di adattamento e personalizzazione, dall'altra è chiaro che questo modo di procedere va a scapito della creatività e dell'originalità, in quanto lo stesso prodotto con licenza Plr può essere acquistato e quindi utilizzato con modifiche più o meno radicali anche da altri soggetti.

I prodotti informativi con licenza Plr nascono appositamente per essere sfruttati economicamente da soggetti diversi dall'autore originario, per questo motivo in genere la loro licenza non presenta particolari restrizioni e consente:

- di modificare liberamente il contenuto,
- di attribuirsi la paternità dei contenuti da questi derivati,
- di regalare il contenuto a soggetti terzi,
- di declinare dei prodotti a pagamento.

SCRIVERE UN ARTICOLO

Una volta stabiliti il formato (audio, video, testo, slide, ecc.) e l'argomento del tuo articolo, prima di passare alla stesura vera e propria è utile creare una mappa mentale dove riportare tutti i passaggi più importanti, i punti salienti da toccare.

Ora vediamo come redigere i contenuti. Per semplicità parlerò di articolo scritto, visto che è la forma più diffusa e più facile da creare, ma queste tecniche si possono applicare anche ad altre forme espressive.

L'articolo "perfetto" è composto da 4 sezioni che vanno curate con attenzione, e sono:

☞ titolo o *headline*,

☞ introduzione,

☞ sviluppo del testo o *body*,

☞ chiusura con *call to action*.

L'importanza del titolo

Un buon titolo, o per meglio dire un titolo attrattivo, è fondamentale. Noi tutti siamo in genere sempre di fretta e ciò è ancor più vero on line, dunque siamo disposti, di primo acchito, a concedere solo pochissimi istanti della nostra attenzione a un blog o a un articolo che non conosciamo.

È in questo brevissimo lasso di tempo, dove basta veramente pochissimo perché il potenziale lettore si distragga e vada oltre, che bisogna essere capaci di impressionare chi ci sta leggendo dandogli un buon motivo per continuare a farlo.

Dei titoli efficaci, correttamente strutturati secondo le regole base della buona comunicazione, sono dunque fondamentali per aumentare i visitatori del blog, che, loro tramite, inizieranno così navigare le tue pagine web e a leggere i tuoi articoli.

> **HEADLINE**
>
> L'headline, o riga di testa, è la parte del testo che apre il messaggio.
>
> Viene messa in risalto usando font con un corpo più grande per attirare l'attenzione. Spesso sintetizza il tema della comunicazione.

Come strutturare un buon titolo

Quelli che sto per mostrarti sono i format più utilizzati e che uso spesso anch'io nel mio blog, a questi modelli ti sarà sufficiente inserire l'argomento principale del tuo articolo e il gioco è fatto:

☞ Vuoi....?

☞ 5 *(o 10)* buoni motivi per...

☞ 5 *(o 10)* passi per...

☞ 5 *(o 10)* errori in...

☞ Come fare a...

☞ Se... allora...

Un'altra tecnica efficace è quella di cercare di suscitare interesse ribaltando, perlomeno nel titolo, una conoscenza o una convinzione accettata dalla maggior parte delle persone. Se scegli questa strada fai però attenzione a non esagerare nel cercare a tutti costi la frase a effetto e a non abusare col trucco di esprimere sempre giudizi opposti, potresti finire per perdere di credibilità.

Questi che ti ho proposto sono alcuni modelli, i più comuni e adattabili, ma non sono gli unici utilizzabili, quindi, nel caso decidessi di utilizzare altre formule, la regola generale da seguire è quella di rispecchiare al 100% il resto del contenuto evitando di inserire promesse assurde o altri elementi fuorvianti.

IL SENSO DI UN BLOG NEL MARKETING

☞ Chi stabilisce un rapporto duraturo con i suoi clienti ha meno da temere dalla concorrenza.

☞ Un buon venditore è infatti percepito prima di tutto come un utile e prezioso consulente, un esperto di cui ci si può fidare.

☞ Per essere credibili bisogna avere la pazienza di saper aspettare, per vendere *poi* al momento giusto.

☞ Quando poi verrà il momento giusto non bisogna aver paura di cercare di chiudere la vendita.

PERCHÉ È IMPORTANTE L'INTERAZIONE CHE PUÒ OFFRIRE UN BLOG

☞ Comprendere fino in fondo come vengono usati, percepiti, apprezzati, i propri prodotti aiuta a capire come promuoverli e proporli nella maniera più efficace.

Come scrivere una buona introduzione

Una volta trovato il titolo per il tuo articolo (o post) inizia la scrittura con un'introduzione. A questo punto, infatti, hai sì catturato l'attenzione del lettore, ma questo non ti garantisce affatto che leggerà tutto il resto, anzi, se troverà qualcosa che non è di suo interesse, abbandonerà l'articolo e forse anche il sito senza pensarci troppo.

Quindi all'inizio cerca di ricollegarti al titolo parlando di quello che il lettore si aspetta e fallo senza troppi giri di parole, andando diritto al punto.

Un errore tipico in questa fase, e facilmente riscontrabile anche nelle pagine web di molte grandi aziende, è quando un articolo inizia con frasi autocelebrative del tipo: "...siamo una grande azienda, leader di settore, costruiamo abitazioni dal 1928 occupandoci di soddisfare a pieno il cliente e utilizzando i migliori strumenti disponibili...".

Questo è il metodo migliore per allontanare un probabile lettore e, quel che è peggio, un potenziale cliente. Su internet le persone cercano informazioni utili, vogliono sentir parlare di loro e non di te. Hanno bisogno di risposte, possibilmente semplici e veloci, e non di sbrodolate di testo che non aggiungono o tolgono nulla a quanto già sanno.

Quindi supponiamo di voler scrivere un articolo dal titolo "Vuoi riparare un rubinetto che perde?" l'inizio potrebbe essere: "Prima di tutto verifica di che modello si tratta. Esistono quattro tipologie...".

In questo caso ho utilizzato una domanda come titolo, quando si sceglie una strategia del genere occorre essere certi che la risposta del pubblico che ci interessa sia quella che ci aspettiamo, in questo caso dunque un sì, altrimenti anche qui il rischio è quello di allontanare il visitatore.

In definitiva le prime righe del post dovranno essere la naturale continuazione del titolo.

Una tecnica molto valida, oltre a quella di iniziare a rispondere alla domanda del titolo, è anche quella di anticipare per sommi capi ciò che si troverà proseguendo nella lettura, in questo modo da una parte si può così cercare di creare una certa aspettativa, anticipando però che verrà soddisfatta nelle righe successive e, dall'altra, si rassicura il lettore circa il fatto che la continuazione della lettura gli sarà utile.

Come scrivere un testo che funziona

Ora è il momento di sviluppare il testo dell'articolo vero e proprio.

La sindrome da pagina bianca, ovvero cosa scrivere, o l'ansia da prestazione per realizzare il testo perfetto, potrebbero essere cattive consigliere, specie se non si è molto avvezzi a scrivere, e condurci su strade erte o in pantani logici in cui sarebbe poi difficile districarsi.

Un metodo molto semplice, ma che funziona, per evitare questi rischi, può essere quello di cercare di <u>rimanere fedeli alla struttura del titolo</u>. Quindi, ad esempio, se come titolo hai scelto "5 modi per trovare clienti con internet", il resto del testo potrebbe essere diviso in 5 paragrafi, tutti con un titoletto, uno per ogni modo che hai individuato.

Un altro piccolo accorgimento per far apprezzare il tuo articolo, rendendolo semplice e veloce da consultare, è <u>utilizzare i *bullet point*</u>, cioè introdurre nel discorso degli elenchi puntati <u>dove ogni voce sintetizza i punti salienti di un determinato passaggio logico</u>. Gli elenchi puntati non solo facilitano la lettura ma, effettuando una sintesi, migliorano anche la comprensione e rendono più facile il ricordo.

Un altro elemento molto importante che può rendere i tuoi post più interessanti sono <u>le storie</u>, queste infatti, un po' come le favole per i bambini, <u>consentono di rendere più facile da comprendere e a volte anche più divertente</u>

ALTRI TRUCCHI PER STRUTTURARE UN MESSAGGIO EFFICACE

☞ Presenta nuove informazioni.

☞ Sii diretto e conciso nella comunicazione.

☞ Gioca d'anticipo: cerca di dare una risposta ai possibili dubbi che potrebbero insorgere.

☞ Usa uno stile espositivo amichevole: la gente si fida più degli amici che dei professori.

☞ Sii divertente: alla gente piace ridere.

☞ Sii positivo: l'ottimismo è vincente.

☞ Non parlare male della concorrenza: la correttezza è sempre apprezzata.

☞ Cura l'estetica: in fondo anche l'occhio vuole la sua parte (se è un testo che sia ben impaginato e con qualche foto, se è un video che le luci siano giuste, lo sfondo coerente col contesto, che l'audio sia pulito, ecc...).

un messaggio. Sono uno strumento molto efficace perché alle persone in genere piace molto ascoltare delle storie, per questo motivo, ed è scientificamente provato, tutti noi ricordiamo più facilmente qualcosa che ci viene raccontato attraverso una storia.

Per sfruttare uno strumento cosi potente, non c'è bisogno di utilizzare stratagemmi complessi o essere dei creativi, basta anche la semplice citazione di un caso reale, anche se accaduto a un emerito sconosciuto. Puoi decidere di raccontare un episodio che ti è capitato recentemente o di cui hai avuto notizia da amici, rendere pubblica (se interessante) la storia di come è nato il tuo prodotto, insomma le possibilità sono veramente tante. Una storia ben raccontata è un vero e proprio accalappia curiosi (e chi non lo è almeno un po') e può davvero essere il grimaldello per scardinare le resistente psicologiche di chi ti sta leggendo poco convinto.

Chiudere bene

Bene. Hai fatto un titolo coinvolgente, hai creato un'introduzione che ha saputo traghettare il lettore direttamente sull'articolo, hai scritto un articolo che ha saputo mantenere viva l'attenzione e fornire utili risposte, ma non è ancora finita: non vorrai lasciar dissolvere nel nulla il tuo sforzo comunicativo?

Ora è il momento di capitalizzare quanto hai fatto sin qui, di raccogliere qualche frutto, non ti manca che una cosa da fare: inserire una chiamata all'azione.

La *call to action*, come la chiamano gli americani, significa semplicemente dire al lettore quello che a questo punto ti aspetti che faccia. Sembrerà banale ma a volte le persone, arrivate alla fine di un lungo discorso, possono trovarsi in una fase di *stand by* (nella loro testa la domanda più o meno inconscia è: "E adesso?") e non fare quello che ti aspetti o che vorresti semplicemente per il fatto che non glielo hai chiesto.

Ecco allora l'importanza di sollecitare l'azione, di suggerire quello che vorresti che facessero, rimuovendo così ogni possibile dubbio, indecisione o errore di interpretazione.

La chiamata all'azione è tipica di ogni attività di vendita, ma va utilizzata anche negli articoli e nei contenuti di un blog per fidelizzare il lettore, aumentare la notorietà del sito, raccogliere un contatto e-mail a cui successivamente indirizzare delle campagne promozionali mirate, ecc.

Questo passaggio logico è molto importante, perché ti consente di valorizzare lo stato emotivo positivo di una persona che ha letto tutto il tuo articolo, e lo ha apprezzato, per ottenere un piccolo riconoscimento del tuo lavoro attraverso un gesto che a chi lo compie costa poco ma che per te può avere in futuro un grande valore. Ecco questa è l'importanza della *call to action*, far compiere un'azione (mi raccomando una sola) ben precisa.

Ma di che azione stiamo parlando?

Le possibilità sono tantissime, dal scrivere un breve commento in modo da creare interazione e rendere più dinamico il tuo blog, al lasciarti il suo indirizzo email così da poter essere ricontattato, oppure di condividere quello che ha appena letto con le persone che conosce tramite i vari social media.

Quindi quello che devi fare non è altro che dire in modo semplice e diretto l'azione che desideri che compia.

Non fare come molti che lasciano l'articolo a se stesso, un po' sospeso a mezz'aria, senza una chiusura che serva, oppure utilizzano formule strane e complicate difficili da capire.

Sii esplicito al di là di ogni possibile dubbio o fraintendimento, in fondo la fortuna aiuta gli audaci e chiedere, tutto sommato, non costa nulla.

Ecco alcuni esempi di quello che puoi chiedere:

☞ lascia un commento utilizzando questo modulo,

☞ compila il modulo e contattaci per un preventivo gratuito,

☞ clicca sui pulsanti e condividi l'articolo con i tuoi amici e colleghi,

☞ contattaci per una consulenza gratuita scrivendo una mail a ...

CATEGORIE E TAG

Un aspetto molto importante sui contenuti è la loro catalogazione, non solo dal punto di vista della navigabilità del sito, ma anche per una migliore indicizzazione sui motori di ricerca.

Il modo più comune per catalogare i vari contenuti di un blog è utilizzare le categorie e i tag.

Le categorie è facile capire come utilizzarle, visto che servono a suddividere gli articoli del blog in vari contenitori logici, le categorie appunto.

I tag sono invece delle "etichette" che unificano, trasversalmente, al di là delle categorie/contenitori in cui si trovano, alcuni articoli raggruppandoli insieme in base a una parola chiave.

SPECIFICITÀ DI CATEGORIE E TAG

Le tag e le categorie hanno un peso nella SEO solo se usate bene. Se usate male possono addirittura creare diversi problemi al sito/blog.

☞ Le categorie sono dei macrodescrittori dell'argomento del post, mentre le tag individuano le parole chiave che descrivono il contenuto del post stesso.

☞ Le categorie servono a dividere, a classificare. Un articolo può stare in una sola categoria. Se si inserisce un articolo in più di una categoria si corre il rischio di generare nei motori di ricerca la penalizzazione per contenuto duplicato.

☞ Le tag, all'opposto, servono a unire caratteristiche comuni di articoli diversi. Si possono usare più tag per articolo, senza però esagerare.

☞ In un buon blog dovrebbero esserci poche categorie, ad esempio 10-20, mentre il numero di tag non ha limiti (si fa per dire...).

☞ Le categorie sono gerarchizzabili, le tag no. Per ogni categoria puoi dunque creare una sottocategoria, cosa che invece non puoi fare per le tag.

☞ Le tag, oltre a essere altamente descrittive, sono molto comode perché possono essere utilizzate come una seconda barra di navigazione, un vero e proprio menù di popolarità delle parole chiave. Spesso infatti è presente nei blog un *widget* laterale con i tag più utilizzati e che variano la dimensione del carattere a seconda del numero di post a cui sono associati.

Supponiamo di avere un blog in cui si parla di tecniche costruttive e dei criteri per la scelta delle abitazioni. Le varie categorie potrebbero essere:

☞ costruire una casa,

☞ costruire una casa in legno,

☞ costruire una casa da soli,

☞ scegliere la propria casa,

☞ mutui per la casa.

Un piccolo stratagemma per la corretta individuazione delle categorie con cui suddividere i vari articoli del blog è quello di <u>adoperare le parole chiave più usate dagli utenti web come titolo delle categorie</u>. Sarà così più facile indicizzare le pagine su Google e sugli altri motori di ricerca. Per scoprire quali sono le parole chiave più impiegate dai tuoi potenziali clienti puoi utilizzare lo strumento di parole chiave di *Google adwords*. Per trovarlo ti basterà semplicemente digitare "keyword tool" su Google e cliccare sul primo risultato che comparirà.

Tornando al nostro caso, le varie categorie potrebbero ad esempio essere descritte ulteriormente con le tag "casa in campagna", "casa in città", "casa in montagna" e "casa al mare". In questo modo crei una struttura a matrice che, anziché obbligarti a ricorrere a numerose categorie e subcategorie per catalogare i tuoi post, rende il tuo sito ordinato e più facile da navigare.

DUE PARAMETRI PER SCEGLIERE TAG E CATEGORIE

Rilevanza

Le tag e le categorie debbono essere, in primo luogo, dei punti di riferimento per facilitare la navigazione del blog e non dei contenitori semivuoti da riempire quando capita. Non ha dunque senso aggiungere tag e categorie privi di rilevanza effettiva. Quando inizi a ragionare sulla possibile presenza di una tag o di una categoria cerca di immaginarti se sarà veramente utile al tuo blog.

Differenza

Tag e categorie devono essere differenti tra loro. È inutile avere una categoria e una tag aventi lo stesso nome. Cerca di utilizzare le categorie come macrocontenitori e i tag come segmentazioni dell'argomento.

Un altro aspetto importante è il numero delle tag, che non dovrebbe mai essere troppo elevato, benché ciò sia consentito, perché rischia di confondere il visitatore. Questa peraltro è una leggerezza piuttosto comune fra i blogger.

Per quanto mi riguarda uso una regola semplice ma efficace: se presumo che nel giro del prossimo mese la nuova tag che vorrei inserire avrà meno di 4 articoli, allora evito di crearla, perché non è abbastanza rilevante. In questa semplice regola che mi sono dato il numero 4 deriva dal fatto che in media scrivo due articoli a settimana e dunque 4 rappresenta in termini di importanza il 50% della mia attività mensile.

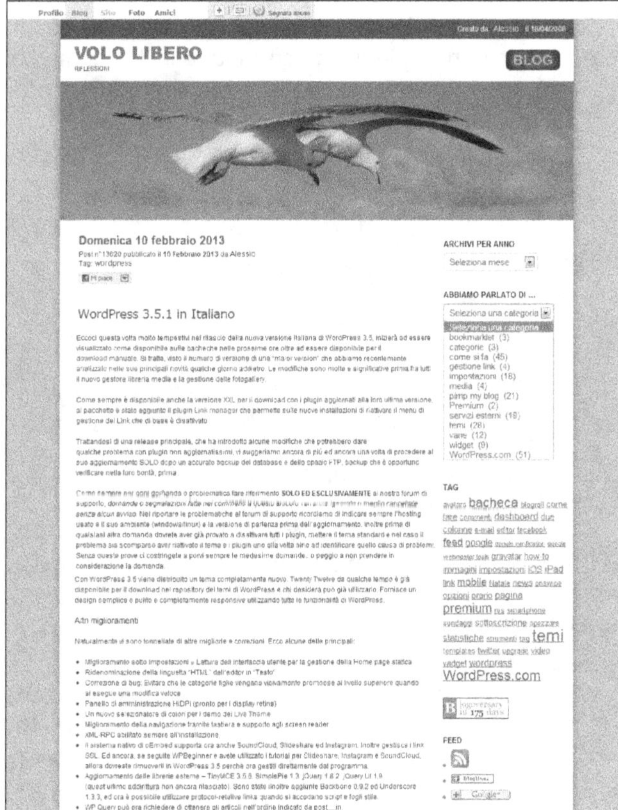

Esempio di blog organizzato con categorie e tag.

TRAFFICO E SEO

A questo punto vediamo come portare traffico al tuo blog attraverso il SEO (Search Engine Optimization), vale a dire le varie tecniche per cercare di raggiungere in maniera naturale le prime posizioni sui motori di ricerca.

In effetti il traffico è importantissimo per la tua attività online, perché senza nessuno che visiti il tuo blog i tuoi contenuti, per quanto possano essere formidabili, restano comunque lettera morta.

Le attività SEO non sono l'unico modo per attrarre visitatori verso un sito, ma sono certamente le tra le più importanti.

Ora è però d'obbligo una piccola precisazione sulla qualità e quantità del traffico. Non tutti i visitatori sono infatti uguali né utili.

Sul web ciò che è importante è essere raggiunti da chi ti interessa, cioè da coloro che ritieni in linea con i tuoi obiettivi di marketing. Un semplice esempio per farti capire: se hai un'attività di produzione e vendita di culle per

---

ALCUNE PAROLE CHIAVE

SEO: Search Engine Optimization. È l'insieme delle attività svolte al fine di migliorare il posizionamento di un sito web sui motori di ricerca nelle pagine dei risultati organici (o risultati naturali), cioè le pagine restituite dai motori di ricerca in corrispondenza di alcune parole chiave. Queste attività sono principalmente legate all'editing di contenuti, all'ottimizzazione della struttura tecnica del sito e all'identificazione della migliore struttura di navigazione.

Rank: Pagerank o altri indicatori per valutate la qualità di un sito web. Pagerank è il valore indicato da Google per valutare il valore di un sito, anche Alexa.com ha il suo e sul web esistono molti tipi di rank. A oggi il rank preso come riferimento è il Pagerank di Google.

CTR: abbreviazione di *Click-through Rate*, rappresenta il valore in percentuale del rapporto tra le impression (visualizzazioni) e i click. È un dato molto importante, per esempio, nelle campagne Adwords. Se in una campagna abbiamo un milione di impression e due click, il CTR è molto basso e ci indica velocemente che il testo dell'annuncio non è accattivante e va cambiato.

PPC: abbreviazione di *Pay per click*, rappresenta un tipo di pubblicità in cui non si paga per le impression ma solamente per i click. Google

bambini, che cosa te ne fai di frotte di visitatori adolescenti sul tuo blog? È sicuramente meglio per il tuo business molti adolescenti in meno e qualche giovane adulto in più.

Dunque la quantità dei contatti da sola non basta a far decollare gli affari, è molto importante anche avere un traffico di qualità, cioè di persone interessate ai tuoi prodotti/servizi.

In effetti uno dei grandi pregi di Internet è proprio la possibilità di comunicare in maniera selettiva, orientare cioè le proprie attività solo o prevalentemente verso chi si ritiene interessante, e ciò differenzia sostanzialmente il web da altri media più tradizionali dove, non essendo possibile selezionare con precisione il target, si tende a comunicare sparando nel mucchio, cioè cercando di raggiungere il maggior numero possibile di persone.

Adword è il tipico esempio di PPC. La logica del PPC si colloca esattamente all'opposto di quella che sottostava alla prima tipologia di pubblicità sul web, molto in voga ai primordi di internet, i banner, dove invece l'inserzionista pagava per le impression.

Conversion rate: il tasso di conversione rappresenta la percentuale di visitatori che hanno effettuato un determinata operazione su un sito web come ad esempio un acquisto oppure la compilazione di un form.

Landing page: la pagina di atterraggio è una pagina web, solitamente molto semplificata e molto chiara, dove l'utente giunge dopo aver cliccato su un banner, un annuncio di Adwords o su un link in una mail. Con la landing page l'utente passa da una pubblicità a una pagina pratica, veloce e ottimizzata, che gli spiega in poco tempo il prodotto o il servizio a cui potrebbe essere interessato.

Backlink: rappresentano i link che rimandano al nostro sito web. Un tool molto diffuso per vedere i nostri backlink è il *Webmasters tool* di Google. Avere molti backlink è indice di autorevolezza, e dei buoni link in entrata da siti autorevoli migliora non di poco il valore del sito web agli occhi del motore di ricerca.

Principali fasi delle attività SEO

- ☞ Definizione del *keyword set*, vale a dire identificazione dei "temi" e delle parole chiave legate al modello di business dell'azienda.

- ☞ Ottimizzazione dei fattori *onsite*, ovvero miglioramento degli elementi interni del sito eliminando eventuali barriere problematiche per gli *spider* dei motori di ricerca e stabilendo un'associazione tra le keyword individuate nella fase precedente e le diverse pagine che compongono il sito.

- ☞ Ottimizzazione dei fattori *offsite*, ovvero intervento su quegli elementi legati all'autorevolezza del sito agli occhi dei motori di ricerca sui quali il webmaster non ha controllo diretto.

- ☞ Monitoraggio dei risultati.

Il Search Engine Marketing (SEM)

È l'insieme delle attività di web marketing svolte per incrementare la visibilità e la rintracciabilità di un sito web attraverso i motori di ricerca.

Ecco alcune tra le attività più rappresentative della SEM:

- ☞ attività di *branding*, ossia di valorizzazione e visibilità del marchio promuovendone il suo valore sul mercato,

- ☞ promozione diretta di prodotti e servizi,

- ☞ lead generation, ovvero acquisizione di contatti commerciali, con *squeeze page*, *landing page*, compilazioni di form, oppure raccolta di questionari,

- ☞ e-mail marketing/newsletter, molto importanti sia per l'acquisizione di nuovi clienti sia per la fidelizzazione di quelli esistenti,

- ☞ campagne *Pay Per Click* (PPC), il cui attore principale oggi è Google Adwords. Caratteristiche principali: si paga il click ricevuto e non l'*impression* (cioè la visualizzazione nella pagina nel motore di ricerca), visitatori mirati (sono quelli che hanno utilizzato nelle loro ricerche la parola chiave scelta per la campagna), possibilità di scegliere autonomamente il budget (anche modesto) da spendere e l'area geografica in cui far vedere l'inserzione,

- ☞ gestione dei social media.

PERMALINK

Vediamo allora come portare traffico al tuo blog. Prima di tutto è importante scegliere le giuste parole chiave.

Rifacendoci all'esempio visto in precedenza, se ti occupi di costruzione e scelta della casa, non puntare su parole generiche come "casa" perché molto probabilmente avresti concorrenti importanti posizionati molto meglio di te, in termini di visibilità, sui motori di ricerca e il risultato che potresti ottenere rischierebbe di non giustificare il lavoro svolto.

Una buona strategia è invece quella di scegliere delle keyword più specifiche, di nicchia, magari composte da più parole. Ad esempio potresti scegliere "come costruire casa" o "come costruire casa da soli". Le persone che useranno queste parole chiave per le loro ricerche saranno sicuramente di meno, tuttavia, proprio perché sei stato dettagliato nelle parole chiave, e dunque più selettivo, puoi essere sicuro che saranno più interessati a quello che hai da proporgli.

A questo punto è arrivato il momento di impostare correttamente il "permalink" (la struttura dei tuoi link).

Sfruttare correttamente questa impostazione significa inserire le tue parole chiave, quelle che hai usato per le categorie, all'interno degli indirizzi delle tue pagine. Così facendo sarà più facile indicizzare i tuoi contenuti sui motori di ricerca.

COS'È E A COSA SERVE IL PERMALINK

Il permalink, o link permanente, è fondamentalmente un segnalibro.

Se inserisci nel blog i permalink, sia tu che i tuoi lettori potrete citare e accedere direttamente a uno specifico post del blog semplicemente mettendo un link ad esso.

Le maggiori piattaforme di blogging (Blogger, Wordpress, ecc) prevedono un permalink per ciascun articolo pubblicato.

Se un post dovesse essere modificato, spostato o rinominato, il suo permalink non muterebbe, ma se venisse cancellato il suo permalink non potrebbe più essere riutilizzato, e a qualsiasi articolo creato successivamente, anche se avesse lo stesso titolo, verrebbe assegnato un link diverso.

Grazie a questa semplice logica, un permalink evita la ricerca manuale tra i tanti post che possono comporre un blog.

Come impostare tutto questo? Semplice, dalla tua bacheca Wordpress sarà sufficiente selezionare la voce "impostazioni" quindi cliccare sulla voce "permalink", a questo punto selezionando "nome articolo" avrai il titolo del tuo articolo all'interno del link.

Questo è tutto quello che serve per strutturare correttamente la costruzione automatica dei tuoi link, quindi a questo punto passiamo alla scelta delle parole chiave, quelle che utilizzerai nel tuo blog.

LA SCELTA DELLE PAROLE CHIAVE DA INSERIRE NEL TESTO DEL POST

Prima di parlarti del modo con cui scegliere le tue keyword è importante precisare che <u>non è necessario</u>, anzi può essere addirittura controproducente, <u>infarcire i testi dei tuoi articoli con le parole che ritieni "strategiche" ripetendole più volte</u> nel procedere delle tue argomentazioni.

Infatti, non solo potresti non ottenere la visibilità sperata, ma potresti addirittura essere penalizzato dai motori di ricerca che, con un pizzico di malizia, tendono a contrastare la sovra-ottimizzazione, vale a dire chi fa un uso massiccio e indiscriminato delle tecniche SEO. Insomma, come dicevano i latini, "in media stat virtus".

KEYWORD DENSITY

È un parametro che indica la densità con cui le parole chiave appaiono in una pagina web.

I motori di ricerca considerano una parola chiave efficace ed efficiente quando è ripetuta in un intervallo compreso tra 2% ed il 5-6% rispetto al testo che rappresenta. In pratica, se un testo ha 100 parole, la keyword dovrà comparire dalle 2 alle 6 volte.

Infatti se le keyword sono ripetute meno del 2% i motori di ricerca le considerano non rilevanti, se invece superano il 6% il motore di ricerca lo interpreta come un tentativo di forzare la mano e penalizza il blog diminuendone il grado di affidabilità.

In ogni caso considera questi numeri come semplici indicazioni e non come regole assolute, fai piuttosto attenzione alle informazioni e ai contenuti delle tue pagine.

Dunque non preoccuparti, scrivi per il tuo pubblico nella maniera più naturale e chiara possibile. Così facendo sarà molto improbabile incorrere in una penalizzazione per quanto riguarda le parole chiave.

Ma allora a che cosa serve scegliere le parole chiave? Semplicemente per dare delle indicazioni ai motori di ricerca, perché comunque, sia all'interno dei tuoi articoli sia utilizzando *All in one seo pack*, dovrai inserire le parole con cui vuoi indicizzarti.

Tuttavia, scrivere solo e unicamente per il tuo pubblico, significa, per quanto riguarda il lato SEO, affidarsi alla fortuna e sperare poi di essere trovati.

Focalizzarsi, in maniera intelligente, su alcune keyword è invece una scelta mirata per ottenere più visitatori.

Sì, ma come sceglierle? Ecco di seguito i nomi di alcuni tool che potranno essere di aiuto in questa importante operazione:

DOVE INSERIRE LE KEYWORD

In linea di principio, le keyword si possono inserire un po' dove si vuole.

Ecco tuttavia alcune posizioni in cui sarebbe meglio che ci fossero:

- nel titolo (tag TITLE) della pagina,

- nei meta tag,

- nelle intestazioni. Una buona intestazione dovrebbe essere breve (non più di 10 parole) e riassumere i contenuti del post,

- nelle prime righe di testo di una pagina, che peraltro sono anche quelle che fanno decidere a un lettore se continuare nella lettura o passare ad altro,

- nel nome dei file delle eventuali immagini inserite. Anche se i file delle immagini non sono da considerarsi come una sezione della pagina, molti motori di ricerca controllano i nomi dei file e rilevano la presenza di keyword.

- *Google AdWords Keyword Tool* ⇨ mostra le parole chiave e gli accoppiamenti più ricercati dagli utenti su Google in base alla keyword specificata;

- *SEO Quake* ⇨ permette di visualizzare in modo semplice e veloce tutti i parametri indicativi della popolarità di un sito sui motori e del suo livello di ottimizzazione, risultando così uno strumento pressoché indispensabile ai fini di un'attività di keyword selection;

- *Google Insight for Search* ⇨ permette di analizzare i trend delle ricerche effettuate su Google. Tre le macrosezioni entro cui sono presentati i risultati delle ricerche: "Nel tempo" (che con un grafico personalizzabile mostra quanto il termine è stato ricercato nel corso degli ultimi anni, includendo anche una previsione per il futuro), "Per interesse regionale" (che si serve di una mappa del mondo per identificare le regioni/nazioni in cui il termine di riferimento è cercato di più) e "Termini di ricerca" (che elenca le ricerche più frequenti e quelle emergenti);

- ☞ *Google Trends* ⇨ consente di visualizzare l'andamento delle ricerche su una determinata keyword nel corso del tempo;

- ☞ *Keyword Suggestion Tool* ⇨ è un generatore, facile da usare, di parole chiavi targhettizzate, in altre parole utilizzando questo tool potrai inserire una frase o una parola inerente alle tue scelte di SEO per ricevere tutta una serie di parole che, pur ruotando attorno al tuo argomento, si diversificano tra loro. Questo è molto importante per la keyword density;

- ☞ *Google Suggest Scraper* ⇨ visualizza suggerimenti utili per la definizione delle parole chiave. Basta inserire la keyword principale nel box e selezionare la lingua del motore di ricerca per visualizzare una lista di parole chiave suggerite;

- ☞ *Yahoo! Suggest Scraper* ⇨ mostra le keyword simili a quella inserita, basandosi però su Yahoo!;

- ☞ *Keyword Research Tool* ⇨ keyword attinenti, per ogni motore di ricerca.

Quello che devi fare, utilizzando questi tool, è immedesimarti nel tuo pubblico di riferimento e immaginare le parole che potrebbero utilizzare per cercarti e che allo stesso tempo non rientrano nelle prime posizioni, visto che, in base a quanto detto in precedenza, ti metterebbero in concorrenza con una massa affollata, generica e indistinta di siti e con competitor leader di settore.

La maggior parte delle persone quando si servono di un motore di ricerca si limitano a leggere la prima pagina dei risultati resi, alcuni addirittura solo le prime posizioni della prima pagina. Ecco perché è importante cercare parole chiave che non presentino nei risultati dei concorrenti troppo grandi per te, forti di budget pubblicitari e specialisti SEO che li rendono di fatto irraggiungibili.

ALL IN ONE SEO PACK

Questo è il plugin che ti aiuterà a indicizzare i tuoi contenuti sui motori di ricerca. Come? Permettendoti di modificare manualmente il titolo e la descrizione che Google legge dei vari contenuti che andrai a creare. Vediamo quindi come funziona.

All in One SEO Pack

Upgrade to All in One SEO Pack Pro Version

Title:

0   characters. Most search engines use a maximum of 60 chars for the title.

Description:

0   characters. Most search engines use a maximum of 160 chars for the description

Keywords (comma separated):

Disable on this page/post:

Nell'immagine sopra riportata puoi vedere come si presenta il plugin, appena dopo la sezione dedicata alla scrittura del tuo articolo.

Prima di tutto dovrai digitare il titolo, cercando di utilizzare le parole chiave con cui vuoi indicizzare l'articolo e il blog in generale, il tutto senza superare i 60 caratteri.

Poi, rimanendo entro i 160 caratteri, dovrai fare altrettanto per il campo descrizione, anche qui per quel che è possibile inserendo le keyword.

A questo punto bisogna modificare le impostazioni del plugin in modo da ottimizzare il blog per i motori di ricerca abilitando e modificando le voci "home title" e "home description".

PUBBLICIZZARE I CONTENUTI

Una volta creati i contenuti (articoli, video, audio e quant'altro) bisogna poi pubblicizzarli sul web in modo che chi naviga possa conoscere il tuo blog e, tramite questo, la tua attività e i tuoi prodotti/servizi.

Uno strumento che ti consiglio di utilizzare sono i *social bookmarking*, cioè dei siti che "raccolgono" notizie provenienti da altri siti, grazie alle segnalazioni effettuate dagli utenti stessi, per sottoporle poi all'attenzione di altri utenti.

Il funzionamento è semplice: proponendo i tuoi articoli, offri a questi siti del contenuto che i visitatori possono consultare e in cambio tu ricevi delle visite, dato che questi siti rimandano alle tue pagine.

Ecco i social bookmarking a mio giudizio più utili e che io sfrutto per i miei blog (ti basterà cercarli su Google per trovarli subito):

☞ blog-news.it

☞ diggita.it

☞ faiinformazione.it

☞ indicizza.net

☞ notizieflash.com

☞ oknotizie.virgilio.it

☞ technotizie.it

☞ upnews.it

☞ ziczac.it

Una volta che ti sarai registrato a questi siti – magari utilizzando sempre lo stesso nome utente e password per evitare di fare poi confusione con tante password da ricordare – potrai proporre i tuoi articoli compilando i vari campi: categoria, titolo, indirizzo, ecc.

L'unica sezione che merita una certa attenzione è la sezione dedicata al riassunto, perché, se non inserito manualmente, il sistema come predefinito potrebbe proporre l'inizio del tuo articolo oppure, se utilizzi un plugin come *All in one seo pack*, la descrizione.

Una volta compilati tutti i campi proposti, non ti resta altro da fare che seguire le varie indicazioni del sito e il tuo articolo sarà pubblicato.

Grazie ai social bookmarking potrai incrementare le visite sul tuo blog, tuttavia non pensare che una tecnica del genere possa portarti migliaia di visite al giorno, è però un metodo rapido, efficace e gratuito per pubblicizzare sito e articoli e dunque, in quanto tale, è corretto prenderlo in considerazione.

LINK POPULARITY

L'interconnessione delle risorse, ovvero la possibilità di passare da una informazione a un'altra grazie a un semplice link, è uno dei punti di forza di internet.

I motori di ricerca interpretano i collegamenti verso un sito/blog come dei "voti": maggiore sarà il numero di link che portano a esso e maggiore si presuppone sia la sua autorevolezza e popolarità, autorevolezza e popolarità che sono quindi premiati dando maggiore visibilità al sito nelle ricerche degli utenti.

Ecco alcune semplici idee per aumentare i link verso il proprio sito/blog

☞ proporre a siti dello stesso settore l'apposizione di link non reciproci tra pagine attinenti;

☞ individuare siti a cui proporre dei contenuti in cambio di una citazione sotto forma di link;

☞ iscriversi e intervenire su blog e forum a tema, mettendo in firma il link al sito, se concesso;

☞ pubblicare sul proprio sito contenuti interessanti offrendo la possibilità di diffonderli con la clausola di citare con un link la fonte;

☞ offrire materiale da scaricare, chiedendo in cambio un link di ringraziamento;

☞ pubblicare comunicati stampa online nei siti preposti a ciò.

Relativamente ai contenuti da pubblicare, i link che maggiormente riescono a scatenare un effetto virale, ossia di successive condivisioni da parte di terzi, sono quelli che rimandano ai cosiddetti "how to", cioè a dei post che illustrano cosa fare in una determinata situazione, o alle liste di utility e di suggerimenti.

Il processo di viralizzazione del link dipende molto da chi effettua la ripubblicazione, in linea generale è molto efficace sia quando avviene ad opera di un opinion leader, cioè da parte di una persona nota, stimata e di cui ci si fida, riconosciuta come leader dalla community di riferimento, sia quando avviene per "prossimità", ovvero per una sorta di passaparola tra amici.

INTERAGIRE CON I VISITATORI DEL BLOG

Un aspetto molto importante per il tuo blog che troppo spesso viene ignorato – ahimè a volte lo faccio anche io – è l'interazione con i lettori.

In effetti un blog con molte visite giornaliere, che aspettano solo di leggere nuovi contenuti, se non si fa alcun genere di azione è completamente inutile.

Visto che vuoi trovare nuovi clienti e aumentare i guadagni della tua attività, hai bisogno che i visitatori siano attivi, cioè che interagiscano, con te ma anche fra di loro, lasciando commenti, inviando email, rispondendo alle tue richieste, ecc.

Come stimolare questa interazione?

Prima di tutto, come abbiamo già visto per la scrittura di un articolo, l'utilizzo di una *call to action* è molto utile per ottenere dei risultati. Chiedere espressamente di compiere delle azioni specifiche aiuta a ottenerle.

Un'altra tecnica può essere quella di costruire un intero contenuto, un articolo, una pagina, ecc. per domandare agli utenti web qualcosa, ad esempio:

☞ cosa vorrebbero leggere sul tuo blog,

☞ cosa gli interessa di più,

☞ cosa consigliano per migliorarlo,

☞ ecc.

Ovviamente questa non è un'operazione da compiere spesso, perché potresti svilire la tua autorevolezza, tuttavia, offrire l'opportunità ai tuoi lettori di esprimersi in libertà e di fornire il loro contributo per migliorare i tuoi progetti, può essere utile per legarli a te, farli sentire parte di un gruppo e, perché no, anche per ricevere nuove idee su cui lavorare.

Un'altra tecnica efficace può essere quella di lasciare in sospeso i tuoi contenuti. Questo espediente, che è un po' come lanciare il sasso nello stagno, è molto comodo se vuoi suscitare un dibattito, stimolare degli interventi, affinché il tuo blog non sia solamente una vetrina dove puoi mostrare le tue conoscenze e le tue capacità ma anche un luogo di incontro e di confronto.

Avere lettori attivi, che interagiscono con te e tra loro tramite il tuo blog, aiuta a incrementare la viralità delle tue informazioni e, di conseguenza, il numero di coloro che finiranno per seguire il tuo blog. Infine, ma non da ultimo, in virtù di tutto ciò i motori di ricerca, attribuendo una certa autorevolezza e qualità al blog, ne miglioreranno il posizionamento. Insomma si innesca un circolo virtuoso di crescita.

Ma come gestire i commenti?

Questa è una delle paure più diffuse e, a volte, è anche uno dei motivi principali che spinge le persone ad abbandonare l'idea di un blog o a sovramoderare i commenti.

Si temono i commenti negativi, si ha paura che possano nuocere alla propria attività.

Tuttavia, se lavori onestamente per soddisfare al meglio i tuoi clienti, senza cercare di turlupinare nessuno, allora puoi dormire sonni tranquilli, la maggior parte di loro sarà contenta di te e del tuo operato e non hai nulla da temere. Ho scritto la maggior parte, perché è inevitabile che qualche critica arrivi comunque e, quando ciò succederà, la cosa peggiore da fare è cancellarla dal blog per paura che possa danneggiarti.

La percezione di un blog "censurato" non giova alla tua immagine in rete e può creare delle diffidenze. L'atteggiamento corretto di fronte a una critica, anche tendenziosa, è quello di rispondere pacatamente e senza polemizzare, cercando di far valere la propria posizione con precise argomentazioni e, se del caso, avendo anche il coraggio e l'onestà di ammettere le proprie responsabilità qualora vi siano stati eventuali disservizi.

Una corretta gestione delle critiche e delle obiezioni sarà così non solo un'occasione per incrementare la tua autorevolezza, ma un'opportunità per crescere e migliorare la tua visibilità in rete.

Capitolo III

L'IMPORTANZA DEI SOCIAL MEDIA

Un canale molto importante per la pubblicizzazione e diffusione sul web dei tuoi contenuti sono i social media. I social media rappresentano un nuovo modo di interpretare le enormi potenzialità che la rete può offrire a chi la sa sfruttare al meglio. Prima della proliferazione dei social media il mezzo principale con cui gli utenti del web potevano ricevere informazioni andava in una sola direzione.

I social media hanno radicalmente cambiato il modo con cui le persone fruiscono i media online. La differenza principale è che i social media hanno aggiunto l'elemento partecipativo: l'individuo non riceve solamente le informazioni, ma ha la possibilità di prendere parte sia alla creazione e sia alla distribuzione dei contenuti.

CATEGORIE DI SOCIAL MEDIA

In funzione delle modalità di utilizzo è possibile delineare per sommi capi alcune grandi famiglie di social media:

☞ per creare e gestire un network di contatti, sia professionali (LinkedIn, Viadeo, ecc.), sia personali (Facebook, Twitter, Google+, Netlog, Tagged, MySpace, Badoo, ecc.);

☞ per condividere risorse, quali video (YouTube, Dailymotion, Vimeo, ecc.), foto (Flickr, Pinterest, Instagram, ecc.), link (Delicious, Digg, ecc.), musica (Spotify, ecc.) e documenti (Slideshare, Scribd, ecc.);

☞ per valorizzare le attività commerciali e/o gli eventi locali (Yelp, DisMoisOu, Plancast, ecc.);

☞ per giocare in rete (Zynga, Playdom, Playfish, Popcap, Digital Chocolate, Kobojo, ecc.);

☞ per acquistare, come le piattaforme di intelligence (Bazaarvoice, PowerReviews, ecc.) e di raccomandazioni (Hunch, ecc.).

Brevemente e semplificando si può affermare che con "social media" si intendono tutta una serie di strumenti e di attività, che uniscono tecnologia e comunicazione, nati per stimolare l'interazione sociale. La loro importanza strategica deriva principalmente dal fatto che non vi è più una comunicazione unidirezionale ma multidirezionale, dal monologo si è cioè passati al dialogo, e per questo le informazioni che veicolano sono percepite come molto più credibili, in quanto non più "calate dall'alto" ma diffuse in via partecipativa dal basso. In pratica, specie i social media più noti, sono dei veri e propri portali in grado di aggregare in una o più community virtuali persone accomunate dai medesimi interessi.

La tendenza delle community, poi, è oggi quella di definirsi in segmenti sempre più di nicchia. Il numero degli "iscritti" è infatti di importanza relativa rispetto a quello che può essere il loro grado di partecipazione e il conseguente senso di appartenenza che ne può scatuire; generalmente più il contesto è circoscritto e definito, la nicchia appunto, più le dinamiche partecipative risultano rilevanti.

Per questo, anche se vengono utilizzati e percepiti spesso dagli utenti come dei passatempi, i social media sono in realtà degli strumenti molto utili in un'ottica di web marketing e stanno diventando sempre più importanti per delineare la presenza online di un'impresa.

Logicamente la scelta dei social media su cui essere presenti va vista in relazione all'attività svolta, perché vendere prodotti per privati o per aziende non è la stessa cosa, così, ad esempio, mentre nel primo caso Facebook è certamente un ottimo per strumento per farsi conoscere, nel secondo caso, per la sua natura molto generalista, potrebbe essere meno efficace di un social network dedicato all'utenza professionale.

Prima di iniziare a vedere singolarmente alcuni dei principali social e come utilizzarli al meglio, è bene però precisare che una pagina Facebook (o di altri social) non sostituisce assolutamente un blog aziendale e nemmeno l'email marketing. I social media sono importanti e non dovrebbero mancare in nessuna strategia di web marketing, ma vanno utilizzati in combinazione con l'email marketing e il blog. Non vanno intesi cioè come degli strumenti alternativi ma integrativi, infatti la comunicazione per essere efficace, specie quella in rete, deve essere sì mirata, ma anche a 360°.

In particolare i social media sono molto efficaci per allargare il proprio network di relazioni e ricevere nuove visite in poco tempo, ma, così come sono veloci nel creare contatti, in genere lo sono altrettanto nel perdere di efficacia non appena si smette di utilizzarli o si rallenta un attimo il ritmo di pubblicazione.

Un blog, al contrario, ha bisogno di tempo per essere indicizzato sui motori di ricerca e crescere in termini di consensi e rilevanza, ma i suoi effetti sono più stabili e possono durare mesi se non anni.

Quanto poi all'email marketing che dire se non che è la versione moderna, e molto più economica, della vecchia lettera commerciale su carta, e in quanto tale, benché oggi abbastanza svilito da un uso massivo e non sempre intelligente da parte di tanti operatori, resta comunque ancora un ottimo strumento per tentare di convertire i contatti in clienti.

È dunque evidente che solo un giusto mix di queste tre leve (blog, social media, email marketing) può portarti a risultati soddisfacenti sia nel breve sia nel lungo termine.

VANTAGGI DEI SOCIAL NETWORK

I social network danno la possibilità alle aziende di partecipare alle conversazioni, di presidiare nuovi canali, di conoscere e comprendere meglio i desideri del pubblico, di ascoltare gli utenti raccogliendo idee/suggerimenti, di individuare gruppi di "opinion leader" per promuovere i propri prodotti/servizi e il proprio marchio.

Ecco in sintesi alcuni dei principali vantaggi per le aziende:

☞ visibilità a costo zero o quasi;

☞ rafforzamento del legame con la clientela;

☞ attivazione di un canale per la comprensione delle necessità dei clienti;

☞ diffusione della notorietà del marchio;

☞ percezione di modernità presso il pubblico.

L'ATTEGGIAMENTO GIUSTO

Vediamo quindi come dovrebbe essere l'atteggiamento più efficace con cui utilizzare i social media, in particolare i social network. Questo perché se è vero che ognuno ha le sue caratteristiche, è anche vero che esiste comunque un comportamento generale efficace per tutti. Qual è?

Sicuramente quello di rendere partecipi i tuoi fan/follower, o comunque chi ti segue, e interagire con loro. Se quello che vuoi fare è creare un certo legame con i tuoi clienti, sia acquisiti sia potenziali, i social network sono lo strumento ideale.

Quindi non limitarti a proporre i tuoi articoli, ma fai domande a chi segue i tuoi post, chiedi consigli, anticipa i tuoi progetti, insomma fai di tutto per interagire, non solo per quanto riguarda l'ambito della tua attività ma cercando, a volte, anche di intrattenere. Questo in breve è l'atteggiamento giusto che dovresti avere nell'utilizzo dei social media, in particolare dei social network, così da ottenere risultati migliori.

COSA FARE

In teoria chiunque può promuovere la propria attività sui social media senza spendere nemmeno un centesimo. In teoria, nella realtà non basta avere la propria pagina aziendale per ottenere dei risultati, confidando che siano le dinamiche del web, per motu proprio, in maniera quasi arcana a catalizzare attenzione e creare consensi verso la propria attività.

C'è bisogno di intervenire con costanza nel profilo creato:

☞ pubblicando contenuti interessanti;

☞ mantenendo la community attiva e partecipando nelle discussioni;

☞ favorendo la nascita e lo sviluppo di una rete di relazioni, ovvero cercando di fidelizzare chi la prima volta è capitato sulla pagina solo per caso;

☞ generando contenuti che vengano condivisi da terzi portando così nuovi utenti verso la propria pagina, è questo infatti il modo per moltiplicare notevolmente le possibilità di essere visti anche da chi non ci conosce direttamente;

☞ utilizzando i contest. Concorsi, sconti, offerte e promozioni sui prodotti/ servizi della propria azienda saranno il metodo migliore per attirare nuovi potenziali acquirenti.

FACEBOOK

Utilizzare questo social network significa garantire una grande viralità ai tuoi contenuti, visto che ognuno è libero di condividerli con i propri amici e che questi poi possono fare altrettanto.

È importante però utilizzare una fanpage, questa infatti, a differenza di un account tradizionale che può arrivare a un massimo di 5000 amici/contatti, non ha limite di fan. Per crearla, ti basterà semplicemente cercare nel modulo di ricerca all'interno di Facebook "come creare un pagina fan" e seguire le istruzioni che il social network mette a disposizione.

Una volta creata la tua fanpage, quello che ti resta da fare è utilizzarla per proporre aggiornamenti, sia del blog sia per quanto riguarda contenuti realizzati anche da altri.

Questo è importante, perché le persone che ti stanno seguendo sono interessate alla tua attività e a tutto quello che riguarda un dato argomento, ecco allora che dovrai soddisfare questa fame di conoscenza cercando anche di intrattenere. Esatto, offrire contenuti, anche divertenti e non solo informativi, è fondamentale su Facebook, perché le persone lo utilizzano spesso come passatempo. In realtà, questo genere di aggiornamenti può innescare più facilmente una certa viralità rispetto a un contenuto serioso, aiutando notevolmente la diffusione e la conoscenza del tuo marchio.

A questo punto viene spontanea una domanda: ogni quanto tempo offrire aggiornamenti?

Beh, anche questo è un aspetto da tenere in considerazione, perché se vuoi che la tua pagina sia segui-

PERCHÉ CREARE UNA FANPAGE

☞ Sono pubbliche e quindi raggiungibili anche grazie a una normale ricerca sui motori di ricerca.

☞ Possono contenere link e dunque è possibile, loro tramite, generare traffico verso il tuo sito/blog.

☞ È possibile inviare degli aggiornamenti ai tuoi "fan" su nuovi prodotti, servizi, invitarli a eventi, incontri, manifestazioni, fiere, ecc.

☞ Ogni interazione con la tua fanpage dà vita a un passaparola naturale, grazie alla duplicazione dell'informazione sul profilo personale del visitatore. Grazie a questo meccanismo sarà semplice e naturale assistere alla distribuzione "virale" di quanto hai pubblicato.

ta da molti fan, devi dare un motivo alle persone per seguirti e questo motivo sono gli aggiornamenti costanti. Che cosa significa? Semplicemente offrire il giusto equilibrio di contenuti, senza da una parte esagerare e senza dall'altra lasciarla però morire. In linea di massima 1 o 2 aggiornamenti giornalieri può essere più che sufficiente.

Per concludere il discorso su Facebook, l'ultimo aspetto da prendere in considerazione è il fatto che si tratta di un social network utile soprattutto se ti rivolgi direttamente alle singole persone. Se invece i tuoi prodotti o servizi sono destinati ad altre attività vi sono altri social network più efficaci.

COSA ATTIRA E COSA ALLONTANA
GLI UTENTI SUI SOCIAL MEDIA

Ciò che attrae gli utenti verso una fanpage Facebook e che permette di ottenere più "Mi piace" sono:

☞ promozioni/sconti (la ragione principale che guida l'interazione con il brand è la stampa di coupon, molte persone iniziano a seguire una marca su Facebook per risparmiare soldi);

☞ gadget free (chi non compra, o non compra subito, in genere segue le pagine fan per ottenere materiale gratis, siano questi dei campioni gratuiti che potranno ricevere successivamente a mezzo posta piuttosto che delle risorse online, ad esempio degli ebook su degli argomenti di interesse per la community);

☞ passaparola;

☞ fedeltà alla marca;

☞ reputazione della marca.

Ed ecco, per converso, le principali ragioni che allontanano i consumatori dalle pagine fan:

☞ post troppo frequenti (alla gente non piace che si invada troppo la propria privacy subissandoli di notifiche);

☞ perdita di interesse verso l'impresa (perché pubblica troppo poco o perché pubblica cose considerate come non degne di nota);

☞ esperienza negativa come consumatori (internet non è tutto, alla reputazione web deve seguire anche un corretto approccio nel mondo offline, che peraltro, fino a prova contraria, è ancora quello reale).

TWITTER

Twitter è una piattaforma molto utile per garantire viralità ai tuoi contenuti perché ogni tweet, se apprezzato, può venire riproposto da molte persone.

In pratica il suo funzionamento è molto semplice e prevede la condivisione di *tweet* con la comunità. I tweet sono dei brevi messaggi di testo di massimo 160 caratteri, per questo motivo viene definito un microblogging.

Le persone che ti seguono, chiamate follower, vedono i tuoi messaggi nella loro homepage e hanno la possibilità, grazie al pulsante retweet di condividere con le persone che seguono loro i tuoi contenuti.

Per questo motivo quando ho parlato di blogging e di contenuti, ho dato tanta importanza al fatto che dovresti scrivere pensando per i visitatori e non per i motori di ricerca, perché comunque se si tratta di contenuti interessanti, troveranno lo stesso il loro spazio.

Diversi sono poi i following (persone che stai seguendo), dove puoi decidere in ogni momento se osservare o no i loro tweet.

Un altro aspetto molto importante poi sono gli hashtag, cioè dei tag (etichette) che servono per identificare l'argomento di un tweet. In pratica sono semplicemente delle parole chiave precedute dal simbolo cancelletto e vengono evidenziati come un collegamento.

In questo modo puoi rendere più facile la visualizzazione e la ricerca dei tuoi tweet per i vari utenti, e dunque non solo per i tuoi follower, perché se una persona, ad esempio, cerca "scarpe" su Twitter potrà trovare anche i tuoi messaggi se ti occupi di scarpe.

Quindi, ricapitolando, Twitter è un social network, più nello specifico un microblogging, che si basa sulla condivisione di brevi messaggi, detti tweet, fra la comunità di follower (persone che ti seguono) e following (persone che segui).

GOOGLE +

Google plus è il social network di Google, grazie anche alla forza di Google sta crescendo molto rapidamente ed è oggi certamente uno dei principali social da utilizzare.

Il suo funzionamento è, all'apparenza, molto simile a quello di Facebook, ma per alcuni versi è profondamente diverso. Infatti mette a disposizione anch'esso la possibilità di creare delle pagine e anche qui, per diffondere online la tua attività, hai bisogno di crearne una.

Quello che cambia però, senza scendere troppo nei particolari, è la gestione delle persone a cui sei collegato. Infatti hai la possibilità di dividerle in "cerchie", creando dei veri e propri gruppi. Ad esempio puoi dividere i tuoi contatti in amici, colleghi di lavoro, clienti, ecc.

Questo ti permette di comunicare con le cerchie che ritieni più adatte a visualizzare un certo post, escludendo quelle per le quali non ritieni utile o conveniente rendere pubblico un certo contenuto.

LINKEDIN

È un social network molto interessante, soprattutto a livello professionale, perché è studiato proprio per tessere relazioni principalmente in ambito lavorativo.

Grazie a questo social puoi, non solo portare visite al tuo blog e promuoverlo in rete, ma anche creare vere e proprie connessioni professionali per nuove partnership e collaborazioni e, ovviamente, anche acquisire nuovi clienti.

Il funzionamento è molto intuitivo e semplice, perché oltre a metterti in contatto con le persone che conosci (online e offline), prevede anche la possibilità di iscriversi e partecipare alla vita di vari gruppi tematici.

Il metodo più efficace per utilizzare questo social network è quello di avviare una discussione in qualche gruppo, i vari interventi che seguiranno da parte degli altri iscritti al gruppo ti daranno la possibilità di creare nuove relazioni con altre persone.

PINTEREST

Pinterest è un social network dedicato alla condivisione di immagini e video. Il suo nome deriva del verbo "to pin" (appendere) e dal sostantivo "interest" (interesse).

In pratica è una bacheca virtuale sulla quale è possibile organizzare per aree tematiche e condividere le immagini che più piacciono, ad esempio una foto scattata durante una gita, o che si sono scoperte navigando nel web o, come nel caso di un'impresa, che si vogliono promuovere, per esempio la foto di un proprio prodotto.

Per entrare a far parte della community di Pinterest è necessario registrarsi effettuando il login con l'account di Facebook o di Twitter, che in un secondo tempo si potrà poi eventualmente scollegare, tuttavia, se si decide di mantenere l'integrazione, tutto quello che verrà fatto su Pinterest verrà condiviso anche su Facebook o su Twitter.

È possibile interagire con gli altri utenti della community con le funzioni:

- *like*, come su Facebook è possibile dare un giudizio positivo a un'immagine pubblicata (pin) cliccando su *like*;

- *comment*, cioè inserendo un commento a un pin;

- *repin,* cioè ripubblicando su una propria board (bacheca) il pin di un altro utente;

- *mention*, ovvero suggerendo un pin a un altro utente di cui sei follower inserendo @ seguita dal nome dell'utente.

Ognuna di queste attività viene notificata all'utente con cui hai interagito tramite email o segnalazione nel box "recent activity".

È evidente che se le immagini che condividi sono collegate a una pagina web anche questo social può essere utile per portare visite al tuo blog. Attenzione però a non squalificare Pinterest a mero catalogo online dei tuoi prodotti, cerca piuttosto di comunicare l'identità del tuo marchio pubblicando anche immagini che rimandano in qualche modo allo stile di vita, ai valori e alle sensazioni che vorresti caratterizzassero il tuo marchio.

Fare *repin* di immagini di altri utenti per qualche aspetto collegabili al proprio marchio aiuta, essendo un social media è bene ricordarsi che la comunicazione unidirezionale non paga e dunque è sempre bene cercare di interagire, coinvolgere, allagare la propria rete, dare spazio anche agli altri.

ASPETTI COMUNI

Al di là delle differenze tecniche e delle piccole sfumature riguardo all'utilizzo dei singoli social network, l'elemento che li accomuna tutti sono le relazioni che puoi stabilire con altre persone.

L'obiettivo principale nell'uso dei social network non deve essere quello di acquisire clienti o portare visitatori verso il tuo sito/blog (benché ovviamente non dispiaccia se accade), ma, molto più semplicemente, quello di instaurare delle relazioni con i tuoi fan/follower/contatti/pinner e coltivarle, offrendo sempre nuovi contenuti di valore.

Poi, a seconda del social che stai utilizzando, il modo con cui dovrai porti sarà diverso, ad esempio decisamente professionale su Linkedin e se vuoi più ludico su Facebook, ma quello che devi fare, se vuoi ottenere il massimo risultato, sarà cercare di trasmettere la tua personalità.

È questo un aspetto assai importante perché, soprattutto online, è relativamente facile nascondersi dietro il marchio della propria attività, tuttavia le persone non parlano con le aziende ma con le persone e anche nell'ambito di una attività di promozione dell'immagine aziendale preferiscono sapere che dietro non c'è un'entità astratta ma una persona reale che ha un nome e un cognome.

Ecco allora che trasmettendo il tuo carattere, logicamente a piccole dosi e senza focalizzare l'attenzione su di te, sarà poi più facile instaurare importanti e profittevoli relazioni, anche online. In pratica, anche per quanto riguarda i social network, ritorna l'atteggiamento di cui avevamo parlato all'inizio di questo libro: prima dai e poi chiedi.

Questo significa che non dovrai solamente pubblicizzare la tua attività, il tuo blog e te stesso, ma devi essere disposto a condividere contenuti interessanti, anche non tuoi, con le persone che ti stanno seguendo.

YOUTUBE E VIDEO SHARING

Un media capace di veicolare immagini in movimento, suoni e testi, ha una capacità di coinvolgimento molto più forte rispetto a un semplice testo scritto.

Oggi il web, grazie a connessioni e a piattaforme dedicate sempre più performanti, è un ottimo canale, anche perché a basso costo, per la distribuzione e la fruizione di materiale audiovisivo.

Quella dei video autoprodotti è una opportunità molto interessante che può incrementare notevolmente le visite al tuo sito. Infatti, poiché sono ancora relativamente pochi i soggetti che utilizzano i video in un'ottica di marketing aziendale, chi li utilizza regolarmente può godere di molti vantaggi.

Uno su tutti è il fatto che YouTube, oltre a venire indicizzato molto bene da Google, viene utilizzato da molte persone come motore di ricerca, con la differenza però che qui, essendo la concorrenza decisamente inferiore, è più facile farsi notare.

Ma se è cosi perché ancora poche persone sfruttano questa possibilità?

Presto detto: apparire e parlare con disinvoltura davanti a una telecamera o comunque saper offrire contenuti interessanti e ben confezionati attraverso i video non è cosa da tutti.

Inoltre, poiché il tempo trascorso dagli utenti a guardare un video è un'importante fattore per il posizionamento dello stesso all'interno di YouTube, se non si vuole perdere tempo realizzando filmati che non porteranno grandi vantaggi all'impresa, quando si realizza un video è fondamentale cercare di mantenere alta l'attenzione degli utenti fino alla fine del filmato.

Ecco alcuni suggerimenti per creare video coinvolgenti:

☞ essere sintetici. Un video breve, che vada diritto al punto, "tiene" meglio rispetto a uno lungo. Se proprio non puoi ridurre la lunghezza senza rovinare ciò che hai prodotto, considera l'eventualità di dividerlo in più filmati. In quest'ultima ipotesi è utile inserire nel titolo o nella descrizione qualcosa come : 1 di 3, 2 di 3, 3 di 3, ecc. in modo da fare capire all'utente che c'è dell'altro materiale inerente a ciò che sta guardando;

☞ essere interessanti, cioè fornire contenuti ritenuti utili, divertenti, originali, sorprendenti o curiosi, insomma contenuti che non annoino il pubblico;

☞ <u>imparare dai video già pubblicati</u> per capire cosa piace di più e cosa piace meno, e in funzione di ciò strutturare i nuovi video;

☞ <u>utilizzare le annotazioni</u>. Le annotazioni permettono di aggiungere un testo interattivo, che aiuti a mantenere alta l'attenzione, all'interno del video. Possono anche essere utilizzate per comunicare allo spettatore delle azioni da compiere (ad esempio l'iscrizione al tuo canale YouTube o la registrazione sul tuo sito);

☞ <u>lasciare alla fine qualche sorpresa</u> o una parte particolarmente coinvolgente. Un finale con i fuochi d'artificio di solito dà dei buoni risultati, ma cerca di catturare l'attenzione e di suscitare curiosità fin dall'inizio, altrimenti alla fine del video ci arriveranno in pochi;

☞ <u>scegliere un'immagine di anteprima accattivante</u>. L'immagine di anteprima che introduce il filmato è molto importante in quanto spesso è quella che determina se un video viene visto o meno. L'ideale sarebbe dunque una immagine di anteprima che susciti curiosità, che faccia pensare o supporre qualcosa alle persone, provocando una sana voglia di saperne di più. Purtroppo però su questo aspetto YouTube non lascia grandi margini di manovra, cerca dunque, per quel che è possibile tra le soluzioni di anteprima che ti verranno proposte, di scegliere quella più adatta allo scopo;

☞ <u>pubblicare con regolarità</u>. La pubblicazione periodica e regolare di contenuti, come fossero degli episodi, può aiutare a creare un certo seguito.

Fra i siti di video sharing non esiste solo YouTube, ecco dunque un elenco di altri portali altrettanto validi anche se meno conosciuti:

☞ Daylimotion;

☞ Metacafè;

☞ Vimeo.

Utilizzare solo YouTube può già essere sufficiente, vista la sua grande diffusione, ma nulla vieta di ottimizzare i tuoi sforzi condividendo i tuoi video anche su questi siti.

Infine YouTube, ma ciò vale anche per gli altri portali di video sharing meno noti, può essere molto utile per un'azienda (o un'attività in proprio) non solo per farsi pubblicità secondo i criteri tradizionali dello spot televisivo ma anche, a titolo di esempio, per:

☞ <u>reperire nuovi contatti</u>. Pubblicare un video che interessa particolarmente gli utenti di una certa nicchia, chiedendogli poi di iscriversi a una newsletter per rimanere aggiornati sull'argomento, oppure offrendo al termine una risorsa gratuita (un ebook, un corso, ecc..) in cambio della loro email, può consentire di creare una lista di persone interessate che in futuro potranno essere contattate per azioni di marketing (nel rispetto della privacy e senza fare spamming);

☞ <u>offrire assistenza</u>. Su YouTube è infatti possibile pubblicare dei tutorial che spieghino come utilizzare al meglio un dato prodotto/servizio o come risolvere certe problematiche. Indirettamente, peraltro, dare spiegazioni sull'uso di un determinato prodotto, influisce anche sulle vendite, in quanto aiuta a rimuovere gli eventuali dubbi che possono bloccare l'acquisto;

☞ <u>mostrare il proprio catalogo prodotti</u>. Utilizzando bene le annotazioni, per linkare ad altri video o ad altre parti di uno stesso filmato, è possibile creare un vero e proprio catalogo interattivo;

☞ <u>fare formazione a distanza alla rete vendita</u>. YouTube infatti offre l' opportunità di condividere privatamente i propri video. La diffusione riservata può dunque rivelarsi utile, ad esempio, per comunicare alla rete vendita i vantaggi di un dato prodotto e per fornirle le migliori argomentazioni per proporlo ai clienti.

TIPI DI VIDEO

Dal punto di vista del contenuto esistono tre grandi tipologie di video sul web:

☞ <u>video informativi</u>. Molto apprezzati su internet, rispondono al bisogno di conoscenza. Un esempio potrebbe essere il classico "Come fare a...";

☞ <u>video "educativi"</u>. Rispetto ai primi non puntano ad offrire solamente informazioni, ma a "educare" chi li vede su alcuni aspetti di un dato prodotto o servizio. Rientrano in questa categoria, ad esempio, i video in cui vengono spiegate le motivazioni per cui si dovrebbe acquistare un dato prodotto e non un altro, oppure quelli in cui spiega perché quel prodotto risolverà una certa situazione;

☞ <u>video divertenti</u>. Si tratta di una tipologia di video che ha un grande potenziale, perché le persone sono molto inclini a condividere contenuti con amici e colleghi, in particolare video, se si tratta di qualcosa di divertente.

VIDEO: L'ATTREZZATURA DI BASE

Vediamo ora velocemente quali sono gli strumenti necessari per poter creare dei video professionali per il web.

Prima di tutto è necessario disporre di una buona videocamera per registrare i tuoi video. Non è necessario spendere cifre enormi visto che oggi molte, anche quelle di fascia bassa, riescono a registrare video in alta definizione (HD).

Oltre a questo poi ti consiglio di scegliere uno sfondo interessante per i tuoi video, eventualmente utilizzando anche sempre lo stesso. Un esempio? La tua azienda o il tuo ufficio, cosi da rimanere anche in tema con i contenuti.

Poi una volta registrato il tuo video, avrai bisogno di modificarlo e adattarlo alle tue esigenze, magari inserendo delle parti scritte o una sigla. Per fare ciò lo strumento che ti consiglio e che anche io utilizzo è *Camtasia*, un software facile da utilizzare che potrai installare sul tuo computer. Certo, si tratta di un programma a pagamento, ma ti assicuro che un programma di video editing professionale come questo offre veramente molte possibilità.

Con Camtasia potrai non solo modificare i video che hai registrato con la tua videocamera ma anche realizzare dei video tutorial con lo schermo del tuo computer. Cioè puoi creare dei video dove mostri come fare qualcosa ai tuoi clienti utilizzando il computer, ad esempio quali operazioni compiere per comprare on line dal tuo sito.

Capitolo IV

FARE PUBBLICITÀ SUL WEB

La pubblicità su internet è molto interessante per chi cerca di costruire il proprio business online perché, grazie ai vari strumenti a disposizione, è possibile acquisire clienti in maniera molto più veloce rispetto ad altre tecniche sviluppabili sul web, quali ad esempio il SEO.

Infatti, se per raggiungere buoni livelli di indicizzazione sui motori di ricerca ci vogliono mesi, con la pubblicità online è possibile indirizzare degli utenti verso il proprio sito addirittura in poche ore.

Ovviamente dietro a un risultato eclatante in genere c'è sempre una spesa importante, ma vorrei farti riflettere sul fatto che non è un costo bensì un investimento, perché una campagna pubblicitaria online, se strutturata in maniera corretta, con i suoi effetti non solo paga i costi dell'investimento ma genera pure dei guadagni.

Tieni inoltre presente che la differenza principale fra la pubblicità offline e quella online è che mentre la prima prevede grandi investimenti a fronte dei quali non è sempre facile misurare i ritorni, è cioè abbastanza complicato capire quali mezzi diano i risultati migliori, *per la pubblicità online possono bastare inizialmente anche piccoli investimenti* e, soprattutto, dai risultati che si ottengono è possibile stabilire agevolmente quali sono gli annunci più efficaci. Questo secondo aspetto rappresenta un'opportunità non trascurabile perché, anche senza avere alle spalle grandi uffici marketing o consulenti strapagati esperti in comunicazione d'impresa, *consente al piccolo imprenditore di focalizzare i propri investimenti pubblicitari laddove questi riescono a ottenere i risultati migliori.*

Se non vuoi procedere alla cieca per tentativi successivi, rischiando di fatto gettare i soldi dalla finestra o comunque di spenderne più di quanto effettivamente serva, *prima di iniziare a investire in pubblicità hai bisogno di un sistema di vendita già avviato.*

Questo significa che devi avere già un obiettivo, sapere quale risultato vuoi ottenere da chi vedrà la tua pubblicità e, suo tramite, arriverà sul tuo sito.

Da un punto di vista strettamente tecnico-operativo ci sono dunque almeno due cose che devi mettere a punto prima di investire in pubblicità:

☞ una sequenza di follow up,

☞ una landing page.

Una sequenza follow up è una serie di email automatiche, che arrivano agli iscritti della tua lista di contatti una volta che si sono registrati sul tuo sito, che debbono cercare nel tempo di trasformare una persona interessata ai tuoi prodotti/servizi in un cliente. Della sequenza di follow up ne parleremo nel prossimo capitolo, dedicato all'email marketing, ora invece approfondiamo meglio cos'è e perché è importante una landing page.

LA LANDING PAGE

Una landing page è semplicemente una pagina di atterraggio, cioè la pagina del tuo sito dove arriva l'utente dopo aver cliccato sul link esposto nel tuo annuncio o a esso sottostante.

Una landing page ben congegnata è fondamentale per delle campagne pubblicitarie efficaci. Ipotizziamo che ogni visitatore convertito in cliente significhi 100 Euro di profitti e che, per ogni click sul tuo annuncio, spendi 50 centesimi di Euro. Nel caso in cui la tua landing page riesca a convertire l'1% dei click ricevuti (cifra questa in realtà molto bassa), per ogni 50 Euro spesi in pubblicità ne avresti 100 di profitto, quindi 50 di guadagno. Ma se solo riuscissi a ottenere dai click sul tuo annuncio il 2% delle conversioni, per ogni 50 Euro spesi in pubblicità avresti 200 Euro di profitti, quindi 150 Euro guadagnati.

Ecco perché è importante costruire annunci pubblicitari efficaci e landing page altrettanto efficaci. Per creare una buona campagna pubblicitaria online non basta saper scrivere annunci efficaci, è necessario anche saper sfruttare al meglio il traffico che si riesce a generare.

Una landing page è dunque una pagina web estremamente mirata, ottimizzata verso un unico obiettivo: fare compiere un'azione all'utente web. Per cui se il visitatore esce dal tuo sito senza aver compiuto nessuna azione, molto probabilmente vuol dire che la tua pagina non funziona e, soprattutto, che hai perso un cliente potenziale.

Come creare una landing page efficace

Per prima cosa è necessario stabilire l'obiettivo, l'azione che vuoi far compiere ai visitatori. A questo punto potresti pensare che il tuo obiettivo sia vendere i tuoi prodotti o servizi. Sicuramente può essere una soluzione, ma purtroppo non è la migliore. Sarebbe troppo facile. Perché?

Per il semplice fatto che solo una piccolissima percentuale di persone è disposta ad acquistare alla prima visita, la maggior parte, non conoscendoti, non sapendo chi sei, come lavori e cosa vendi, sarebbe molto diffidente.

Ecco allora che una soluzione per superare la diffidenza iniziale è cercare di creare un rapporto, un flusso comunicativo. Come? Ricontattandoli e iniziando a dialogare con loro. Per fare questo ti ci vuole allora una squeeze page.

> **Attenzione:** da qui in avanti parleremo principalmente di email visto che è uno strumento di contatto adatto a molte situazioni, ma questo non significa che sia l'unica soluzione, anzi in certi casi potresti preferire il numero di telefono. In ogni caso il processo logico per ottenerlo è lo stesso.

Una squeeze page è una particolare landing page che ha un solo obiettivo, quello di "spremere" dalla rete indirizzi email, ovviamente col consenso informato dei vari visitatori e nel pieno rispetto della normativa vigente in merito alla privacy e al trattamento dei dati.

Per riuscire a ottenere dai vari utenti web che arrivano sulla tua squeeze page il loro indirizzo e-mail senza sotterfugi o stratagemmi dovrai fornire loro un buon motivo, in tal senso un'ottima strategia è quella di offrire qualcosa di utile gratuitamente.

Il meccanismo è molto semplice: grazie alla pubblicità online porti visitatori (traffico) alla tua squeeze page, quindi, invogliati dalla possibilità di ottenere un vantaggio, questi lasciano spontaneamente il loro nome e la loro email iscrivendosi alla tua mailing list.

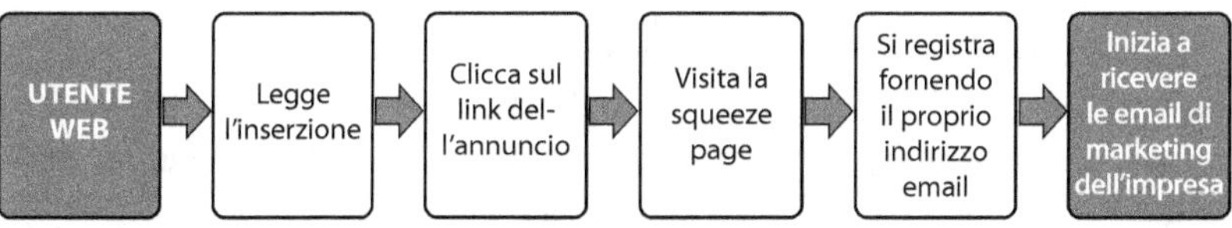

A questo punto, raggiunti in maniera continuativa (ma non pressante) dalle tue campagne di email marketing, le persone interessate potranno conoscerti meglio, vincere la diffidenza iniziale, e un giorno, si spera, diventare clienti.

Questo benefit che deve spingere gli utenti a registrarsi sul tuo sito non è altro che un omaggio che offri e può avere molte forme, ecco alcuni esempi:

- ebook;

- traccia audio;

- traccia video;

- campione omaggio;

- prova gratuita.

Ad esempio, potresti offrire una guida sulla scelta del televisore più adatto, nel caso in cui ti occupassi di vendere TV.

Se invece producessi software, un'altra soluzione potrebbe essere quella di offrire una prova gratuita del tuo prodotto per un periodo limitato.

L'idea di offrire una prova gratuita va benissimo anche se ti occupi di servizi, in tal caso potresti, ad esempio, offrire una prima consulenza gratuita.

A questo punto viene spontanea una domanda: su cosa focalizzare questo "omaggio" affinché sia realmente appetibile?

Niente di più semplice. Ti ricordi il servizio Keyword tool di Google che abbiamo visto precedentemente? Ecco, digitando le parole chiave più rilevanti del tuo settore, puoi ottenere con estrema facilità una serie suggerimenti circa le principali le aree di interesse dei tuoi potenziali clienti online.

Quindi, una volta individuato il focus e creato o pianificato quello che andrai a offrire ai visitatori che giungeranno sul tuo sito (il trucco sta nell'offrire qualcosa che sia reputato utile/interessante, e dunque abbia valore per chi lo riceve, ma che per te non abbia un costo troppo elevato), non resta altro da fare che passare alla creazione di una squeeze page.

Esistono diverse soluzioni che possono essere utilizzate, ma quello che ho intenzione di farti vedere è il modello classico, che, anche se in voga ormai da diversi anni, funziona ancora molto bene ed è piuttosto facile da creare.

La struttura è molto semplice:

☞ headline;

☞ introduzione (facoltativa);

☞ bullet point;

☞ call to action.

L'headline

Come per il titolo di un articolo sul blog, anche qui l'headline è importantissima perché ha il compito di catturare l'attenzione del lettore.

Per poter scrivere headline efficaci è necessario fare molta pratica, tuttavia ho comunque intenzione di darti delle informazioni utili per ottenere dei buoni risultati in poco tempo.

Gli elementi fondamentali da inserire sono 3:

☞ beneficio;

☞ direzione;

☞ specificità.

Facciamo un esempio, supponiamo di voler creare l'headline di una squeeze page che offre un'anteprima di questo libro a chi si registra sul sito, magari il primo capitolo.

Inserire almeno un beneficio sembrerebbe un passaggio semplice, e in effetti lo è, ma se vuoi ottenere buoni risultati non puoi limitarti a inserire ciò che è possibile ottenere leggendo questo libro, quello è solo il primo passo.

Come procedere allora?

Segui questi tre passaggi logici:

☞ chiediti cosa comporta al lettore in termini di risultati;

☞ chiediti qual è l'emozione più sentita riguardo a quel risultato;

☞ fondi insieme i due elementi.

Quindi, primo passo, è cercare di individuare e definire con precisione il principale vantaggio che può portare la lettura di questo libro al lettore e che potrebbe essere: "Aumentare i profitti della propria attività offline grazie a internet".

A questo punto cerca di scoprire la dimensione emotiva che meglio ritrae la condizione o le aspettative del lettore riguardo a questo aspetto. Visto il periodo che stiamo vivendo, potrebbe essere la "crisi".

Adesso non resta altro da fare che unire insieme i due aspetti, ovvero parlare in maniera razionale cercando però di coinvolgere anche la dimensione emotiva (perché si compra sì con la testa ma, molto spesso, soprattutto col cuore).

Una prima bozza dell'headline potrebbe allora essere: "Come utilizzare internet per aumentare i profitti della tua attività e uscire dalla crisi".

A questo punto dobbiamo rendere l'headline diretta, cioè selezionare il target e rivolgerci alle persone che ne fanno parte in maniera esplicita. Questo significa strutturare la landing page presupponendo che chi la leggerà possa essere solo un potenziale cliente, cioè una persona che ha tutte le caratteristiche del cliente tipo cui hai inteso rivolgerti.

Perché fare questo? Perché chi non rientra nella categoria dei potenziali clienti non interessa, perché molto probabilmente non scaricherebbe mai il primo capitolo di questo libro. Ricorda: la comunicazione è sempre più efficace quando è mirata, quando l'interlocutore è individuato con precisione. Infatti solo così è possibile comunicare utilizzando argomentazioni specifiche, che, che, ovviamente, sono di maggior presa rispetto a quelle generiche e generaliste.

Quindi comunicazione diretta significa orientata verso una particolare categoria di persone, ad esempio questo libro è diretto agli imprenditori, e il risultato potrebbe allora essere: "Se sei un imprenditore scopri come utilizzare internet per aumentare i profitti della tua attività e uscire dalla crisi"

L'ultimo passaggio è invece la specificità, elemento importante per dare credibilità al tuo messaggio. Rimanere nel vago potrebbe far nascere dubbi nel lettore circa il fatto che la tua proposta non sia efficace o che sia addirittura un imbroglio (su internet c'è molta diffidenza).

Aggiungendo quest'ultimo elemento, l'headline potrebbe a questo punto essere declinata così: "Se sei un imprenditore scopri come utilizzare internet per aumentare i profitti della tua attività e uscire dalla crisi, proprio come ha già fatto il 53% dei lettori".

Ecco un headline efficace. La precisione del dato inserito (non 50% o 60%, ma 53%) dà ancora più credibilità a quanto asserito.

Un'ultima cosa: inserisci numeri credibili ma soprattutto veri, perché, se così non fosse, oltre a sollevarsi un problema etico-morale con possibili risvolti anche giudiziari, anche solo dal punto di vista del marketing sarebbe comunque un'arma a doppio taglio. Essere smentiti nelle proprie affermazioni dai fatti, oggi, nell'epoca della comunicazione globale, crea una reputazione negativa che è poi molto difficile da far dimenticare.

Quello fin qui descritto, ovviamente, non è l'unico modo per scrivere delle headline, ma è certo uno dei più semplici ed efficaci, soprattutto se si è agli inizi e, obiettivamente, si è consapevoli di non possedere grandi doti di copywriting.

L'introduzione

Anche se non è sempre presente, ho voluto inserire questa parte facoltativa di una squeeze page perché in alcuni casi può rivelarsi molto utile, ad esempio se vuoi selezionare/qualificare ulteriormente i visitatori.

Infatti, anche se solitamente una squeeze page viene ridotta all'osso (pochi contenuti ma efficaci), puoi comunque scegliere di offrire maggiori dettagli, per esempio se vuoi che, grazie a questi, solamente alcuni dei visitatori della tua pagina web si iscrivano.

I principi per scrivere un'introduzione efficace sono per certi versi simili a quelli già esaminati per l'apertura di un post sul blog, anche se gli obiettivi sono tuttavia differenti.

È importante collegarsi all'headline per dare l'idea di una continuità logica del discorso, tuttavia è altrettanto importante introdurre, rispetto al titolo, degli elementi di novità, delle argomentazioni che mantengano alta la soglia d'attenzione del lettore. Infatti, anche se si è fatto centro con un titolo a effetto, se nel prosieguo della lettura si verificherà un calo di interesse, il webnauta non ci penserà due volte ad abbandonare la tua pagina dirigendosi verso altri lidi.

È dunque fondamentale fin da subito cercare di parlare di quello che interessa il proprio potenziale cliente in maniera semplice e sintetica, senza divagare e senza annoiarlo.

I bullet point

I bullet point, come abbiamo già visto, sono dei semplici elenchi puntati dove riassumere le caratteristiche, e soprattutto i benefici, del proprio prodotto/servizio. In questo caso del tuo omaggio.

È plausibile pensare che molte persone scorreranno molto velocemente la tua squeeze page. I bullet point, grazie al loro aspetto grafico, che suggerisce un'idea di sintesi e di ordine, sono strategici per catturare l'attenzione, e potrebbero anche essere gli unici elementi della tua pagina a venir letti.

Dunque scrivere correttamente un elenco puntato, secondo una precisa e stringente sequenza logica di argomentazioni, aumenta notevolmente le possibilità di ottenere un indirizzo email.

Un trucco per scrivere dei bullet point efficaci è quello di immaginare e strutturare ogni singolo punto come una piccola headline, utilizzando le stesse regole creative.

Tuttavia, mentre nell'headline generalmente ci si limita a descrivere solo i benefici, nei bullet point puoi anche pensare di accompagnarli con l'esposizione di alcune caratteristiche importanti del tuo prodotto/servizio, questo perché in taluni casi un potenziale cliente per compiere una determinata azione deve essere convinto sia su un piano "emozionale" sia su un piano "razionale".

Ecco allora che può essere importante sì catturare l'attenzione e toccare le corde emotivamente più sensibili del potenziale cliente, ma anche giustificare poi razionalmente questa spinta all'azione attraverso un'elencazione delle caratteristiche salienti del prodotto/servizio offerto.

Un'avvertenza: non è necessario, anzi ti consiglio proprio di non farlo, inserire tutte, ma proprio tutte, le caratteristiche del tuo prodotto/servizio nelle varie voci del tuo bullet point. Soffermati solo su quelle più rilevanti e dove pensi sia necessario un approfondimento maggiore. Troppi dettagli in una fase di primo approccio possono infatti, anziché creare chiarezza, confondere il potenziale cliente.

Nella pagina seguente
un esempio di come strutturare graficamente una squeeze page.

La call to action

Questa è la parte della tua pagina web che chiude e dà il senso a tutto ciò che l'ha preceduta. È qui che c'è quello che più ti interessa. È infatti in questa sezione della tua pagina che dici al visitatore quello che deve fare per scaricare il suo bonus gratuito, cioè, ad esempio di registrarsi alla tua mailing list.

Non servono formule strane o lunghi giri di parole perché, proprio come negli articoli del tuo blog, devi semplicemente dire al lettore quello che vorresti che facesse. Deve cliccare sul pulsante che trova sotto? Deve compilare il modulo con i suoi dati? Deve contattarti per una consulenza gratuita? Di qualsiasi cosa si tratti diglielo esplicitamente e nella maniera più chiara possibile.

GOOGLE ADWORDS E FACEBOOK ADS

Come abbiamo detto la pubblicità online ha il vantaggio che si può iniziare a fare anche con piccoli investimenti (per partire possono bastare anche solo 5 Euro al giorno).

Ma ora, per fare un po' di chiarezza, ecco alcune sigle legate alla pubblicità online che è necessario conoscere.

Sigla	Definizione
PPC	Tipologia di pubblicità online che prevede una spesa ogni volta che qualcuno clicca su quel determinato annuncio.
CPM	Tipologia di pubblicità che prevede una spesa ogni volta che un annuncio viene visualizzato 1.000 volte.
CPC	Costo medio per click.
ROI	Ritorno sull'investimento (ovvero, in questo caso, i guadagni derivanti dalla pubblicità rapportati alla spesa sostenuta).
CTR	Percentuale di click che un annuncio riceve in rapporto alle visualizzazioni

Esistono varie piattaforme che consentono di veicolare le pubblicità online, una delle più utilizzate è sicuramente Google AdWords, che offre la possibilità di mostrare i tuoi annunci nelle ricerche degli utenti collegate ad alcune parole chiave che tu hai preventivamente definito.

Gli annunci visualizzati possono basarsi su quello che è stato cercato dagli utenti, sulla località e sull'ora del giorno. Ecco alcuni dei fattori che determinano gli annunci visualizzati su Google:

☞ ricerche precedenti effettuate di recente e correlate alla ricerca corrente,

☞ cronologia web di Google,

☞ interazioni precedenti con gli annunci o i servizi pubblicitari Google.

Gli annunci che vengono visualizzati durante le ricerche su Google possono apparire nella parte superiore, sul lato destro o nella parte inferiore della pagina.

La posizione dell'annuncio sulla pagina viene determinata dal punteggio di qualità e dall'offerta, nella parte superiore della pagina vengono pubblicati gli annunci con il ranking migliore (che è la combinazione tra l'offerta e il punteggio di qualità).

È dunque possibile che il costo per click (CPC) per gli annunci pubblicati in alto sulle pagine di Google sia più elevato di quello per gli annunci pubblicati sul fianco destro della pagina, accanto ai risultati di ricerca.

Gli annunci possono anche essere visualizzati, in vari formati (solo testo, illustrati, video), su siti e applicazioni che collaborano con Google, noti anche come Rete Display.

In questo caso la visualizzazione può essere determinata da una correlazione tra quanto ricercato e i contenuti del sito che si sta visualizzando, nonché da una precisa scelta di localizzazione geografica.

Esempio di annunci pubblicitari su Google.

Oltre a Google AdWords, abbastanza complicato da utilizzare per un neofita, anche a causa di un regolamento molto restrittivo, esistono altre piattaforme, come ad esempio quella di Yahoo!, che in linea di massima offrono funzionalità praticamente molto simili a quelle di Google ma in genere con regolamenti più semplici.

Tra queste, ti segnalo come molto interessante, specie per chi è alle primi armi, Facebook Ads e cioè il circuito pubblicitario del famoso social network.

Tuttavia, se utilizzi Facebook per la tua pubblicità online, hai bisogno di conoscere i giusti meccanismi che determinano le modalità di navigazione degli utenti nel social network, perché altrimenti è molto facile spendere soldi senza ottenere risultati apprezzabili.

Sostanzialmente ciò che distingue maggiormente Facebook Ads rispetto a Google AdWords è soprattutto l'atteggiamento degli utenti. Infatti, mentre su Google gli utenti che navigano stanno cercando qualcosa e lo fanno in base a delle parole chiave, su Facebook gli utenti non sono alla ricerca di qualcosa, leggono le varie pagine del social network più che altro per passatempo o per restare aggiornati su cosa fanno, dicono e pensano i loro amici.

Ecco allora che mentre nel primo caso – la pubblicità su Google – è importante farsi trovare nel momento in cui le persone stanno cercando quello che offri, nel secondo – la pubblicità su Facebook – è invece importante riuscire a catturare l'attenzione e interrompere la naturale navigazione degli utenti per portarli verso i tuoi contenuti.

Inoltre, cosa non da poco, su Facebook per essere visualizzato sei costretto, in un'ottica di marketing, a dover spostare l'attenzione dall'individuazione delle parole chiave più significative per le ricerche degli utenti ai gruppi ideali di persone che ritieni potenzialmente più interessanti, devi cioè definire degli insiemi o categorie di riferimento (ad esempio i giovani e, ancora più nello specifico, di età compresa tra i 18 e i 25 anni, quindi, volendo dettagliare ulteriormente, di sesso maschile, che abitano a Bologna e amano il basket).

È evidente come questo approccio dia molta più importanza allo studio del tuo pubblico, all'identikit del potenziale cliente ideale, che devi conoscere o quantomeno cercare d'immaginare nelle sue caratteristiche salienti, caratteristiche che poi andrai a selezionare nel momento della creazione dei tuoi annunci.

COME CREARE DELLE INSERZIONI SU FACEBOOK

Per creare inserzioni e notizie sponsorizzate su Facebook bisogna accedere al proprio account Facebook e digitare nella barra di ricerca superiore "Pubblicità Facebook".

Una volta fatto questo arriverai sulla pagina di gestione delle tue campagne. Le campagne altro non sono che dei gruppi di inserzioni. Tutti gli annunci che creerai verranno infatti aggiunti a delle campagne così da semplificarne la suddivisione, il monitoraggio e la rotazione.

A questo punto quindi clicca il tasto "Crea un'inserzione".

Una delle prime cose da definire è quale sarà la landing page, cioè dove far arrivare gli utenti che cliccheranno sulla tua inserzione. Hai due possibilità: portare tutto il traffico verso una pagina esterna, oppure verso una tua pagina fan di Facebook che utilizzi per la tua attività. La scelta dipende dalla tua situazione web.

Se hai già un sistema web efficace che converte i visitatori in clienti, allora è preferibile portare il traffico verso una landing page esterna. Se invece utilizzi molto la tua pagina fan ed è una fonte migliore di contatti e di clienti, oppure hai un sistema di e-commerce con un negozio online direttamente su Facebook, in quel caso sarà meglio dirigerli proprio lì.

F-COMMERCE

La possibilità per i consumatori di condividere opinioni e consigli direttamente su Facebook rende l'F-commerce (cioè l'e-commerce direttamente su Facebook) un'attività di business particolarmente interessante e destinata a crescere in maniera considerevole.

Per aprire un negozio virtuale su Facebook è necessario avere una pagina fan del marchio e/o dei prodotti che si intendono vendere. In secondo luogo è indispensabile utilizzare una delle numerose piattaforme di commercio elettronico disponibili sul web, in maniera gratuita o a pagamento, come ad esempio Blomming, una piattaforma tutta italiana che consente in maniera facile e intuitiva di aprire un vero e proprio negozio virtuale.

L'uso di Blomming è completamente gratuito fino al raggiungimento di una certa soglia di guadagno, dopo di che è possibile scegliere tra una royalty percentuale da riconoscere su ogni vendita effettuata o pagare un canone fisso di abbonamento al servizio.

Crea ora la tua inserzione. Nel titolo il mio consiglio è di inserire il bonus che andrai a proporre. Scegli parole che indichino già in maniera piuttosto esauriente ciò che l'utente deve aspettarsi. Ad esempio, se stai promuovendo una consulenza gratuita riguardo all'acquisto di una casa, potresti scrivere: "Consulenza gratuita".

Poi, nel testo dell'inserzione, descrivi il beneficio principale che ti distingue. Quindi, se grazie alle tue consulenze riesci a far acquistare una casa a prezzi inferiori, potresti scrivere: "Scopri come acquistare la tua nuova casa al miglior prezzo".

Oltre al titolo e alla descrizione dovrai inserire anche un'immagine e, anche se si tratta dell'ultimo elemento, non sottovalutarlo, perché è il più importante, visto che ha un impatto di circa l'80% nel tuo annuncio.

Abbiamo visto come su Facebook, per avere successo, sia necessario riuscire a interrompere la navigazione degli utenti catturando la loro attenzione. Ecco, in questo la scelta dell'immagine giusta può essere determinante. Per tale motivo ti consiglio di selezionare

☞ una immagine di buona qualità,

☞ che sia immediatamente riconducibile alla tua attività,

☞ che abbia colori vivaci in modo da saltare subito all'occhio.

Molto bene, a questo punto hai creato il tuo annuncio, ma sei solo a metà dell'opera, devi infatti ora passare a una fase molto delicata: la scelta del target.

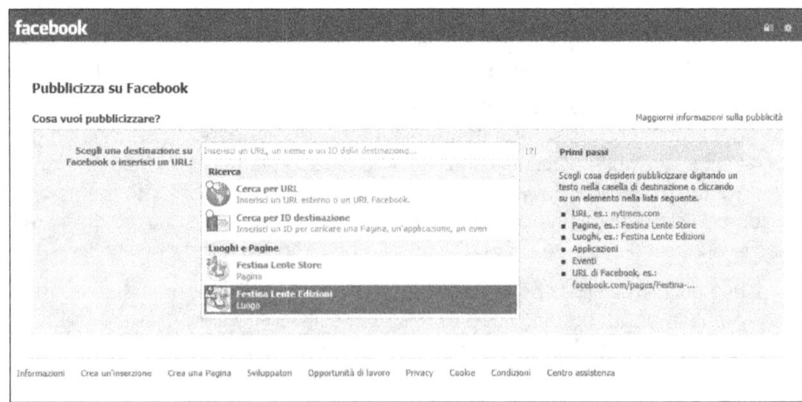

La scelta del target

Chi vuoi che veda il tuo annuncio? La risposta a questa domanda è fondamentale, perché anche il miglior annuncio, scritto con le più raffinate tecniche di copywriting, è destinato all'insuccesso se non sarà indirizzato alle persone giuste. Che senso avrebbe, per esempio, far vedere un'inserzione di culle per bambini a tutti i ragazzi single fino ai 25 anni del nord Italia?

Le logiche dell'advertising su Facebook sono completamente diverse rispetto al Search Engine Marketing tradizionale, che si basa sull'utilizzo di parole chiave da parte degli utenti. Lo strumento Facebook Ads infatti permette di profilare e individuare il target sulla base di fattori diversi, come dati demografici, interessi, preferenze e connessioni.

Su Facebook è necessario ragionare in termini di cliente ideale, devi cioè avere ben chiaro in mente l'identikit della persona che supponi interessata ai tuoi prodotti/servizi e alla tua attività in generale.

Peraltro, se la tua attività fino a oggi si è sviluppata offline, l'individuazione del cliente ideale dovrebbe essere abbastanza semplice, pensa un attimo alle persone che entrano quotidianamente nel tuo negozio/ufficio, che ti contattano telefonicamente o che ti chiedono un preventivo. Sono prevalentemente persone di una certa età o sono giovani? Sono maschi o femmine? Condividono delle passioni particolari? Continua ad indagare proseguendo in questa direzione e ben presto avrai un chiaro ritratto del tuo cliente ideale.

Vediamo ora in base a quali criteri puoi scegliere le persone che vedranno il tuo annuncio su Facebook:

☞ interessi. La definizione dei destinatari in base agli interessi consente agli inserzionisti di rivolgersi alle persone in base alle informazioni che queste ultime hanno fornito nel loro diario. Vengono considerate informazioni come le pagine che piacciono, le applicazioni che usano, i gruppi a cui sono iscritti, ecc. Quando un interesse è preceduto dal simbolo #, significa che consente di raggiungere anche coloro che hanno interessi correlati al termine;

☞ zona geografica. È possibile indicare delle località specifiche, oppure definire il raggio della zona che si intende coprire;

☞ <u>età</u>. Se non si seleziona la casella "Richiedi corrispondenza esatta dell'età" l'inserzione potrà essere visualizzata anche da persone leggermente esterne alla fascia di età specificata;

☞ grado di istruzione;

☞ lavoro (azienda);

☞ lingue conosciute;

☞ situazione sentimentale.

È facile intuire che la corretta combinazione di questi fattori discriminanti può consentire di definire delle segmentazioni molto precise dell'utenza e creare dunque dei target group molto mirati col duplice vantaggio:

☞ di *focalizzare l'investimento pubblicitario* solo dove serve,

☞ di *poter studiare dei messaggi più efficaci*, rispetto alla pubblicità generalista tradizionale, perché strettamente connessi, in termini di linguaggio e di argomentazioni, al gruppo verso cui sono rivolti.

Quando si definiscono i parametri dei destinatari a cui è rivolto il messaggio pubblicitario, Facebook, sul lato destro della pagina in cui è stata configurata l'inserzione, fornisce una stima approssimativa del numero di persone che è possibile raggiungere. Se, alla fine del periodo previsto per la visualizzazione, l'inserzione non ottiene il successo sperato è possibile che la definizione dei destinatari sia stata troppo restrittiva, in tal caso è consigliabile rimuovere alcune limitazioni e provare ad allargare il pubblico.

Un modo per trovare altri interessi utili su cui selezionare il proprio target group è quello di inserire nel modulo uno dei principali interessi, come ad esempio "barca a vela", se vuoi promuovere delle imbarcazioni a vela, e poi aggiungere via via tutte le lettere dell'alfabeto. Quindi andrai a scrivere "barca a vela a", poi "barca a vela b", "barca a vela c", ecc. In questo modo il sistema ti fornirà dei suggerimenti per ogni lettera inserita e, fra questi, potrebbe esserci anche un interesse rilevante a cui non avevi pensato.

L'offerta

Immaginato il cliente ideale e scelto chi vedrà l'annuncio, bisogna ora definire l'offerta, cioè quanto si vuole spendere e in che modo. È possibile selezionare due tipi di offerta, il CPM e il CPC. Il primo consiste nel pagare una cifra ogni volta che un annuncio viene visualizzato 1.000 volte, mentre il secondo ogni volta che qualcuno clicca sul tuo annuncio.

Questo diverso metodo di pagamento, indica anche due diversi metodi di fare pubblicità. In pratica il CPM (costo per mille impressioni o visualizzazioni) è utile per promuovere un marchio o comunque per aumentare la notorietà di un'impresa. Il CPC (costo per click) è invece ottimale nelle campagne pubblicitarie volte a ottenere risultati immediati, ad esempio nuovi iscritti alla mailing list. Il mio consiglio è di utilizzare, almeno agli inizi, il CPC, perché rende più facile valutare i risultati prodotti dalla campagna pubblicitaria e dunque sarà più semplice decidere poi se continuare a investire oppure no.

Già, ma come stabilire il budget? Per prima cosa va stabilito il limite di spesa della campagna pubblicitaria, cioè qual è il massimo che si vuole spendere e, per tranquillità di tutti, va detto che il sistema è configurato in modo da non fare mai pagare all'inserzionista una somma superiore al budget impostato.

Il budget di spesa può essere impostato in due modi, a vita (limite massimo assoluto) oppure al giorno (limite raggiungibile in un giorno). Ovviamente la scelta tra i due modi dipende dalle possibilità economiche e dalle prospettive di ciascuno, in ogni caso il consiglio, specie per chi si affaccia la prima volta al mondo della pubblicità on line, è sempre quello di non esagerare e di iniziare con cautela, eventualmente aumentando il budget successivamente. Per lanciare una prima campagna online può bastare anche una spesa di 5/10 Euro al giorno.

Stabilito il budget giornaliero, si deve poi definire la spesa per ogni click. A questo proposito va fatta una piccola precisazione: la spesa per click che si va impostare nel pannello di controllo non è quello che si spenderà ogni volta che qualcuno cliccherà sull'annuncio, ma bensì il limite massimo di spesa per ogni click. Facebook Ads infatti si basa su un sistema di aste, dove viene stabilito quale annuncio rendere visibile in base a un valore calcolato automaticamente chiamato indice di qualità o *quality score*. All'interno di questo calcolo è presente anche il limite di spesa che sei disposto ad affrontare per ogni click.

In comparti dove ci sono molti inserzionisti che competono per lo stesso target i costi sono più elevati, viceversa, se in un comparto ci sono pochi inserzionisti la pubblicità è più economica.

Lancia la tua inserzione stabilendo come costo per click il valore massimo che Facebook ti consiglia, questo per avere fin da subito dei dati interessanti e attendibili su cui lavorare, poi, una volta che inizi ad avere questi dati, re-

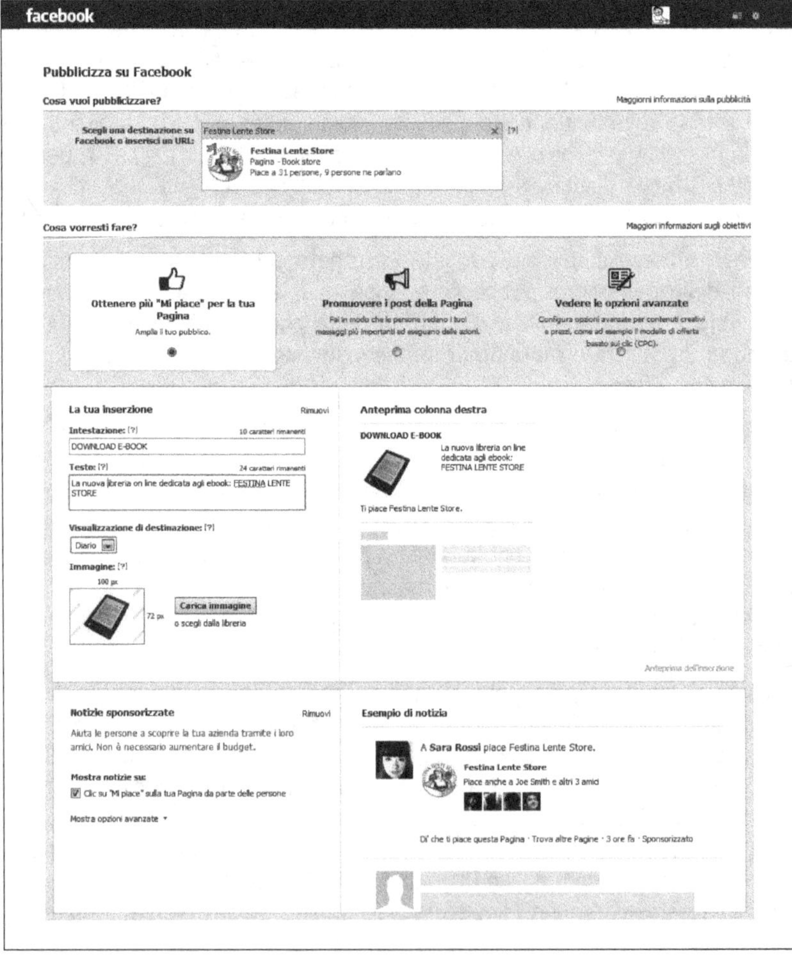

gola la spesa secondo i tuoi obiettivi (se hai fatto tutto nella maniera migliore potrai abbassare progressivamente il costo e ottenere comunque un buon numero di click e di visualizzazioni).

Esempio di come appare il pannello di controllo di Facebook per gestire la creazione delle inserzioni pubblicitarie.

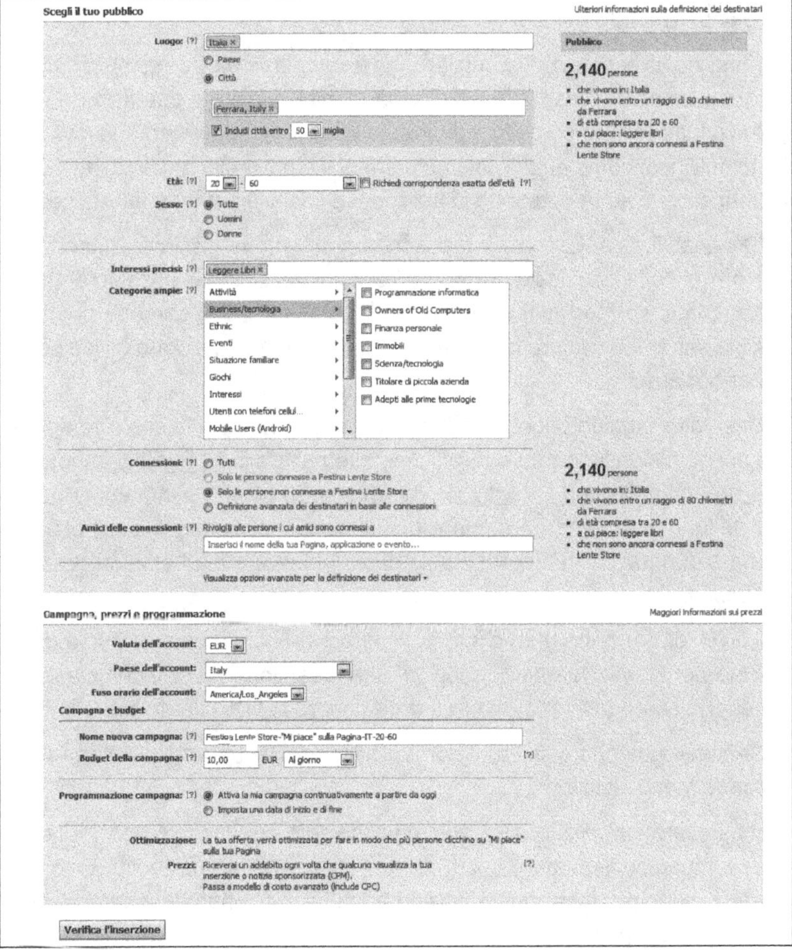

Verificare i risultati ottenuti per crescere

Indipendentemente dal livello di efficacia raggiunto, ogni campagna pubblicitaria può essere migliorata ulteriormente. Tuttavia, se non hai dati da confrontare, come puoi sapere quale annuncio, immagine, testo o target dà un maggiore ritorno sull'investimento?

Poiché non è possibile sapere in anticipo quali saranno i risultati di una campagna pubblicitaria, l'unico metodo per migliorarne l'efficacia è quello empirico, cioè fare dei test.

Testa qualsiasi cosa. Per iniziare, ad esempio, crea due annunci diversi solo per un singolo aspetto, il titolo, per capire quale dei due funziona meglio. Quindi, testato e scelto il titolo più efficace, prova diverse versioni del testo dell'inserzione, quindi diverse immagini e poi prova anche a indirizzare l'annuncio a diverse categorie di persone, e così via per tentativi successivi.

Le variabili da sottoporre a test sono veramente tantissime, l'importante, per trarre delle conclusioni corrette, è valutare soltanto un elemento per volta. Infatti, se modificassi in più punti il tuo annuncio, sarebbe poi molto difficile saper individuare gli elementi che ne hanno migliorato o peggiorato la performance.

Una volta raggiunti buoni risultati, cioè dopo che sei riuscito a realizzare più annunci significativamente efficaci, alternali tra loro. <u>È infatti importante che un annuncio non sia attivo continuamente</u>, perché altrimenti le persone, abituandosi a vedere sempre quell'inserzione, finiranno per notarla di meno e dunque il CTR (percentuale di click in rapporto alle visualizzazioni) si abbassa.

Il CTR (click-trough rate) è infatti un parametro fondamentale per la determinazione del valore quality score di una inserzione ed è la combinazione tra quality score e prezzo offerto a determinare la visibilità di un annuncio.

Ne consegue che inserzioni con un basso CTR, a parità di offerta CPC, saranno meno visibili.

Un elevato indice di qualità non significa solo una maggiore visibilità, ma anche maggior risparmio, infatti chi ha un punteggio di qualità maggiore spende meno per far apparire i propri annunci. Ecco perché è sempre bene cercare di tenere il CTR alto.

Tuttavia, nonostante il CTR sia importante e avere un costo per click basso sia una cosa molto interessante, il dato più importante, quello che deve guidare le tue decisioni sia nella rotazione delle inserzioni sia nella gestione complessiva dei tuoi investimenti in pubblicità è il ROI (ritorno sull'investimento).

È infatti inutile avere un CTR altissimo e un costo per click quasi nullo se nessun click viene convertito in un rapporto commerciale.

Calcolare il ROI è relativamente semplice, visto che è il rapporto fra i guadagni in un dato periodo rispetto ai costi totali dei click nello stesso periodo. Ovviamente, nel caso in cui utilizzassi altre fonti di traffico e di contatti, dovrai distinguere i guadagni ascrivibili alla pubblicità online da quelli provenienti da altri canali.

Conclusioni

A questo punto hai le conoscenze di base per pote creare e gestire la tua prima compagna con Facebook Ads.

Un ultimo consiglio: fai attenzione al modo in cui utilizzi la pubblicità online perché, anche se la spesa per click può essere relativamente bassa, potresti rischiare di spendere comunque molti soldi senza ottenere risultati apprezzabili.

Prima di uscire con una campagna pubblicitaria è infatti opportuno avere già messo a punto un sistema di vendita online efficace ed efficiente in grado di mettere a frutto i flussi di traffico generati dalla pubblicità.

Capitolo V

INCREMENTARE IL BUSINESS CON L'EMAIL MARKETING

Email marketing significa sfruttare le grandi possibilità che, tramite le email, internet mette a disposizione degli utenti per promuovere con metodo la propria attività e/o i propri prodotti.

L'email è uno strumento molto efficace ed economico per comunicare con il proprio mercato di riferimento, anche se è vero che un uso abbastanza disinvolto e non professionale da parte di molti operatori economici, inflazionandola, ne ha ridimensionato notevolmente le potenzialità.

Riuscire a rimanere in contatto con chi arriva sul tuo sito è estremamente importante, ecco perché l'email marketing è strategico, perché può consentirti di instaurare un rapporto continuativo col visitatore, di conquistarne la fiducia e fargli percepire la qualità dei tuoi prodotti/servizi.

> **A COSA SERVE L'EMAIL MARKETING**
> ☞ <u>Acquisire</u> nuovi clienti.
> ☞ <u>Vendere</u> prodotti e servizi.
> ☞ <u>Fidelizzare</u>, cioè non farsi dimenticare.

Grazie a un uso metodico e strutturato delle email è possibile instaurare un rapporto diretto col cliente, o con chi potrebbe diventarlo, in cui l'impresa:

☞ non si limita a informare ma può attivare, sollecitando le eventuali risposte, una comunicazione bidirezionale;

☞ può misurare, quantificando le risposte ottenute, l'efficacia e l'efficienza delle varie iniziative intraprese;

☞ sottoporre a test di volta in volta alcuni elementi del proprio marketing mix (il prezzo, il prodotto, il posizionamento, la creatività, ecc...) per ricalibrare il proprio sistema d'offerta.

In altre parole, con l'email marketing è possibile spingere la strategia di comunicazione a un alto livello di personalizzazione per raggiungere il cliente direttamente, senza mediazioni, e misurare (proprio perché ci si rivolge in maniera diretta) il suo comportamento in relazione alla sollecitazione proposta.

È tuttavia bene aver presente che una carenza informativa, una svista, un particolare trascurato o una costruzione troppo "casalinga" e poco professionale dell'email possono togliere efficacia se non compromettere un'intera campagna di email marketing, pertanto, prima di inviare in maniera massiva una mail, è bene effettuare un controllo accurato, al fine di evitare errori sia tecnico-formali sia di tipo comunicativo.

CARATTERISTICHE DELL'EMAIL MARKETING

☞ <u>Selettività</u> del messaggio.

☞ <u>Capillarità</u> dell'azione.

☞ <u>Personalizzazione</u>, della comunicazione.

☞ <u>Misurabilità</u>, dell'efficienza e dell'efficacia dell'azione effettuata.

☞ <u>Interattività</u> della comunicazione.

UNA MAIL PUÒ ESSERE CATALOGATA SPAM QUANDO...

☞ le scritte in maiuscolo, i punti esclamativi o interrogativi sono molti;

☞ vi è un uso eccessivo di superlativi assoluti e di parole che spesso caratterizzano i messaggi promozionali (offertissima, gratis, regalo, super, offerta, occasione, ecc.);

☞ vi sono troppi spazi tra le parole, interruzioni di riga, o il testo è scritto con caratteri troppo grandi;

☞ vi sono molti spazi tra le singole lettere e/o simboli in eccesso (dollaro, asterischi, ecc.), perché a volte gli spammer utilizzano questa tecnica per rendere non riconoscibili determinate parole chiave;

☞ vi è una sproporzione tra immagini e testo a vantaggio delle immagini;

☞ l'invio avviene da domini poco costosi, come ad esempio quelli con estensione .biz e .info. Infatti proprio la loro economicità ha reso questo tipo di domini molto utilizzati dagli spammer;

☞ la lista di invio non viene regolarmente pulita eliminando gli indirizzi non più validi. I bounce back sono infatti un indice dell'affidabilità del mittente, troppi bounce back faranno ritenere quel mittente come un probabile spammer.

FOLLOW UP E BROADCAST

Esistono sostanzialmente due diverse metodologie per sviluppare una campagna di email marketing, una utilizzando i messaggi broadcast e una utilizzando i messaggi follow up.

I messaggi broadcast, semplificando, sono assimilabili di fatto alle classiche email che a volte si inviano simultaneamente ad amici, colleghi, familiari, ecc. tramite il proprio indirizzo email.

Per sviluppare questa tipologia di campagne email non sono necessari grandi investimenti, tuttavia è bene avvalersi di

☞ un applicativo di invio professionale, in grado, tra le altre cose, di gestire l'invio temporizzato per blocchi delle e-mail, in modo da evitare che la mail inviata in maniera massiva venga percepita come spam, e di personalizzare, attraverso campi a dati variabili, la mail con i nomi dei destinatari. Se si raccolgono tutti i dati salienti degli iscritti a una mailing list, usare i campi a dati variabili per inviare dei messaggi personalizzati del tipo "Gentile sig. Mario Rossi..." suona molto meglio ed è più convincente di un anonimo "Gentile cliente...". Un programma molto noto in tal senso e dal costo relativamente contenuto è *Sendblaster*;

☞ di un server di inoltro che non sia in una black list, per non rischiare di incappare nelle maglie dei sistemi antispamming.

Prima dell'invio di un messaggio ai propri iscritti è buona norma testarlo su diversi client di posta, per vedere come viene recapitato, per fare ciò è necessario creare preventivamente una lista di test che contenga alcuni indirizzi propri su diversi client (ad esempio su Hotmail, Gmail, Libero, Tiscali, ecc...).

I messaggi follow up sono invece leggermente diversi perché sono delle vere e proprie email automatiche che arrivano ai tuoi iscritti con tempistiche diverse tra loro (vale a dire non tutti i tuoi iscritti riceveranno la stessa e-mail nello stesso giorno) ma rispettando una frequenza regolare tra l'una e l'altra in funzione di una precedente pianificazione della strategia di comunicazione.

Grazie a questo genere di messaggi puoi scrivere una sola volta la tua sequenza email e inviarla in automatico a tutti i tuoi nuovi iscritti senza fare più nulla.

Questa metodologia di emaling apre un'infinità di possibilità e, la più interessante, è certo quella di creare un sistema automatico in grado di portare oggi i nuovi iscritti all'acquisto dei tuoi prodotti e servizi grazie a un processo comunicativo che magari hai creato mesi prima. Mica male no?

Per gestire le campagne emailing con la tecnica del follow up per prima cosa è necessario dotarsi di un autorisponditore professionale in grado di raccogliere i vari indirizzi mail e, successivamente, di inviare automaticamente le email programmate ai potenziali clienti.

Esistono 2 tipi di autorisponditori:

☞ quelli installabili sul proprio spazio web;

☞ quelli ospitati su spazi web riservati.

Nel primo caso si tratta in genere di servizi che vanno installati sul tuo hosting (quello dove hai installato Wordpress, ricordi?) e lavorano appoggiandosi sul tuo spazio web.

Questo genere di autorisponditori, solitamente più economici degli altri, anche se validi, possono tuttavia presentare qualche criticità nel momento dell'installazione. Infatti non è sempre facile installare un autorisponditore e a volte sono richieste alcune conoscenze informatiche avanzate. Inoltre, nel caso incontrassi dei problemi col tuo spazio web, il rischio, nel peggiore dei casi, potrebbe essere quello di perdere tutti gli indirizzi email fino a quel punto raccolti.

I servizi ospitati su spazi web riservati, al contrario, sono autorisponditori installati su spazi web altamente protetti e sicuri, dove tu non devi preoccuparti di nulla se non di gestire le tue mailing list. Se vuoi dormire sonni tranquilli il mio consiglio è quello di utilizzare questo secondo tipo di servizi.

Fra i tanti autorisponditori che sono ospitati su server protetti, senza allungare troppo il ragionamento, io ti consiglio di utilizzare *Aweber*. È un servizio altamente professionale che offre moltissime possibilità nella gestione dei contatti ed è lo stesso che utilizzo anch'io per gestire le mie campagne email.

LA TUA SEQUENZA FOLLOW UP

Qual è la frequenza ottimale delle email? Settimanali? Mensili? Ogni due settimane?

Non esiste una regola ben precisa, se non quella di buon senso, di non inviarne né troppo poche da essere dimenticati, né troppe da essere percepiti come un po' troppo invadenti e disturbare chi le riceve.

Ciò detto, per ogni email l'importante è avere sempre qualcosa di interessante da comunicare agli iscritti alla propria newsletter. Se stai per inviare una mail con del contenuto mediocre, per la sola ragione che sono mesi che non scrivi niente, fermati e chiudi tutto, l'effetto se l'inviassi potrebbe essere solo una cancellazione di massa dalla mailing list. Quindi, per quanto riguarda la frequenza, stabilisci delle linee guida da seguire, ma fai in modo che non siano troppo rigide.

Nei primi tempi, quando l'utente si è iscritto da poco alla tua newsletter, dovrebbe ricevere email con una frequenza maggiore rispetto a dopo. Il fatto che ti abbia lasciato il proprio indirizzo email non significa affatto che ti conosca abbastanza bene. Per intenderci, potrebbe aver letto solamente qualche tuo post sul blog senza però mai entrare nel dettaglio. Con le prime email il tuo obiettivo dovrebbe essere pertanto quello di fare una buona impressione su di lui, convincerlo dell'utilità dei tuoi messaggi. Una frequenza più alta nei primi giorni/settimane, serve per riuscire a farsi ricordare e a creare un certo posizionamento tuo e della tua attività nella mente dei tuoi potenziali clienti, per accreditarti come un esperto del settore. Col tempo potrai ridurre questa frequenza ai soli momenti in cui avrai qualcosa di realmente interessante da comunicare ai tuoi iscritti.

La seconda regola per impostare una sequenza efficace di email è quella di non avere paura a inviare delle email alla tua lista (anche se sono promozionali) col timore di possibili disiscrizioni. Se delle persone ti hanno lasciato la loro email, significa che hanno interesse verso quello che gli stai dicendo e vogliono rimanere aggiornati. Certo, inviare troppe email in un arco temporale limitato potrebbe portarli a cancellarsi dalla tua lista di contatti, perché rischi di essere giudicato come troppo invadente, tuttavia inviarne troppo poche rende la tua lista poco reattiva, quindi di fatto scarsamente utile.

Per questo motivo non avere mai paura di inviare email per promuovere i tuoi prodotti o servizi, ma fai in modo che siano bilanciate con i contenuti.

Inviare troppe email pubblicitarie rischia di rendere inutile l'iscrizione alla tua lista, visto che non c'è valore aggiunto nei tuoi messaggi, ma allo stesso tempo fornire solo contenuti gratuiti di carattere consulenziale all'opposto potrebbe abituare gli iscritti a dare per scontate questo genere di informazioni. Ora, poiché tu vuoi utilizzare internet per incrementare il tuo business, è meglio evitare entrambi questi scenari e cercare di ottenere il massimo grazie a un bilanciamento tra contenuti e pubblicità.

Una buona soluzione può essere quella di inviare email con contenuto interessante e, all'interno di questa serie, inserire alcune promozioni dei tuoi prodotti o servizi. Così facendo riuscirai ad avere degli iscritti alla tua mailing list fedeli e pronti a leggere quello che hai da proporgli, anche se si tratta di una promozione, per il semplice fatto che si fidano di te e hanno apprezzato nel passato i tuoi interventi.

Ma che cosa significa bilanciare il contenuto? Anche se non esiste una regola precisa, un'indicazione utile è fare in modo che circa il 75% delle email inviate siano email di contenuto e riservare il restante 25% alle promozioni.

Poi se, nonostante tutto, ottieni lo stesso delle cancellazioni, non preoccuparti. Se hai cercato un equilibrio fra contenuto e pubblicità, meglio allora che questi iscritti si siano cancellati, perché probabilmente si tratta di persone poco interessate a quello di cui gli stai parlando.

A questo punto, prima di mostrarti un esempio di una sequenza email che puoi utilizzare anche tu, dovresti stabilire innanzitutto qual è l'obiettivo da raggiungere, che cosa vuoi trasmettere al tuo potenziale cliente, definire la direzione verso cui vuoi muoverti.

Ora passiamo a un caso pratico, una sequenza che ha come obiettivo quello di far percepire agli iscritti i punti di forza del prodotto che viene promosso. Questa sequenza è composta da 8 email e, come incentivo per l'iscrizione alla mailing list, è stato offerto un corso gratuito di 5 lezioni. Ecco la struttura:

- email di benvenuto e prima lezione del corso dove viene presentato il contenuto dell'intero corso (sarà su 5 puntate);
- email contenente la seconda lezione del corso (dopo 3 giorni);
- email contenente la terza lezione del corso (dopo 3 giorni);
- email contenente la quarta lezione del corso (dopo 3 giorni);
- email che comunica che fra 48 ore verrà inviata l'ultima lezione che, tra l'altro, conterrà delle informazioni molto importanti (dopo 1 giorno);

☞ email contenente la quinta e ultima lezione del corso e anche una prima promozione del prodotto (dopo 2 giorni);

☞ email che illustra i benefici del prodotto e spiega perché dovrebbe essere acquistato e perché proprio da te (dopo 4 giorni);

☞ email in cui uno o più testimonial che hanno provato il prodotto intervengono per sostenere e rafforzare le tue tesi e che termina con l'invito esplicito a scrivere per ottenere ogni ulteriore informazione e ricordando nuovamente i vantaggi del prodotto/servizio e i vari utilizzi (dopo 2 giorni).

ESEMPIO DI EMAIL DI PRIMO CONTATTO CON UNA STRATEGIA DI FOLLOW UP A SEGUITO DELL'ISCRIZIONE AL SITO

Ciao [*nome e cognome*],

grazie per aver visitato il sito [*nome sito/blog*] e per la tua iscrizione.

Questa newsletter è un mezzo importante per restare in contatto e fornirti di volta in volta informazioni su [*argomento del sito*], ma anche per illustrarti una serie di iniziative che scopriremo insieme strada facendo.

La newsletter è inoltre una delle chiavi di accesso al materiale scaricabile gratuitamente on line messo a disposizione degli iscritti, anzi, a tal proposito, scarica subito il tuo omaggio cliccando sul link sotto riportato, dove troverai un primo [*ebook, videocorso, ecc.*] gratuito per [*risparmiare, fare, costruire, guadagnare, migliorare, semplificare, ecc...*].

Ora, prima di salutarti, ecco che cosa puoi aspettarti attraverso questa newsletter nei prossimi [*giorni,settimane,mesi*]: [*breve accenno, eventualmente con un elenco per punti, sui contenuti delle prossime email cercando di creare, attraverso delle anticipazioni, curiosità e interesse*].

Per ulteriori chiarimenti ed eventuali domande puoi scrivermi a questo indirizzo: [*email di contatto*]

Cordiali saluti

[*tuo nome*]

COME SCRIVERE EMAIL EFFICACI

Benché a tutti sia capitato di scrivere almeno una volta delle email. Scrivere delle email che, in un'ottica di marketing, siano efficaci, cioè che possano condurre nel tempo a dei risultati apprezzabili, richiede un minimo di metodo.

Ecco alcuni semplici consigli per scrivere delle email efficaci.

☞ <u>Fai capire esattamente chi sei</u>.

Sembrerà strano, ma molte delle mail commerciali che giungono ogni giorno nelle caselle di posta hanno dei mittenti quantomeno oscuri. Ebbene, rendere esplicito il mittente utilizzando una casella di posta dedicata in cui nel nome si capisca chiaramente chi è che manda la mail, non è solo un fatto di buona educazione e di correttezza ma è anche indice di serietà professionale. Farsi riconoscere è infatti il presupposto base per farsi poi ascoltare e comunicare in maniera franca e aperta. Per cui, se hai un'officina e il tuo dominio è www.officinamariorossi.it non mandare delle email da una casella di posta tipo mario48@libero.it ma da una casella del tipo news@officinamariorossi.it   Se invece non hai un tuo nome a dominio (ma sarebbe bene averlo) e devi usare una casella di posta tipo Gmail, Alice, Tiscali, ecc... crea almeno una casella dove il tuo nome compaia per esteso, ad esempio officinamariorossi@gmail.com

☞ <u>Mettiti nei panni di chi legge</u>.

Ricordati sempre che scrivi un'email per comunicare con qualcuno e non per parlarti addosso. Dunque la prima regola da seguire per essere efficaci è quella di focalizzarsi su chi la dovrà leggere, mettersi nei suoi panni e scrivere il messaggio in modo che gli risulti interessante e comprensibile.

☞ <u>Scrivi oggetti attraenti</u>.

L'oggetto è l'elemento più importante di una email, perché è la prima cosa, insieme all'indirizzo del mittente, che viene letta ed è ciò che può convincere il destinatario ad aprire l'email e a leggerla o a cestinarla direttamente.

Per questo creare email che funzionano significa anche scrivere oggetti che funzionano. L'oggetto dell'email deve essere breve, sintetico, ma ricco di parole positive e persuasive. Il primo e più importante metodo per scrivere oggetti realmente attraenti, come già anticipato, è quello di mettersi nei panni di chi riceverà il messaggio e cercare di immaginare che cosa potrebbe colpire la sua attenzione.

> **TECNICHE PER SCRIVERE L'OGGETTO DI EMAIL ATTRATTIVE**
>
> ☞ Proponi un vantaggio concreto.
>
> ☞ Incuriosisci o dai una notizia insolita.
>
> ☞ Fornisci un suggerimento.
>
> ☞ Fai una domanda provocatoria
>
> ☞ Chiedi un'azione esprimendo un comando (risparmia, vinci, leggi, scarica, ecc...)

☞ Personalizza l'email.

Sapere a chi scrivere è fondamentale: una email ben fatta ma inviata alla persona sbagliata non farà raggiungere alcun obiettivo. Personalizzare una mail la rende più efficace rispetto a una anonima, dunque quando è possibile è sempre preferibile inserire il nome e cognome del destinatario nel testo dell'email. Oggi questo si può fare molto facilmente gestendo i dati di personalizzazione della mailing list come dei campi a dati variabili attraverso qualsiasi software o piattaforma professionale per l'email marketing.

☞ Inizia con un saluto.

È buona educazione esordire sempre con un saluto, a chi legge un'email fa piacere sentirsi trattato col dovuto rispetto. I saluti peraltro sono un'ottima occasione per personalizzare la mail. Meglio dunque iniziare con un "egregio signor Mario Rossi buongiorno" che con un anonimo "spettabile ditta".

☞ Vai subito al punto.

Scrivi subito la cosa più importante che devi comunicare, se la metti troppo in fondo potrebbe non venire mai letta. Il tuo destinatario, proprio come te, ha poco tempo e riceve molte email ogni giorno e probabilmente non ama perdere tempo leggendo chiacchiere inutili, perciò vai subito al punto. Le prime 4-5 righe sono importanti per catturare e mantenere l'attenzione del lettore: non perdere questa occasione. L'introduzione deve essere veloce, diretta e deve colpire attraverso l'uso di parole suggestive.

☞ <u>Trasforma le caratteristiche del prodotto in benefici.</u>

Il potenziale cliente legge se percepisce che l'email ricevuta gli può tornare utile, quindi è importante che nella mail non si parli tanto di te o della tua attività ma di lui e di che cosa si può fare per lui e che i benefici prospettati siano reali, comprensibili ed espressi con chiarezza.

> **TECNICHE PER ESSERE PERSUASIVI**
>
> ☞ Assicura un valido supporto logico alle tue argomentazioni.
>
> ☞ Crea delle suggestioni. Poiché ogni scelta è anche una scelta emotiva, cerca di collegare ai fatti anche delle emozioni.
>
> ☞ Proponi immagini che aiutino a visualizzare ciò che stai cercando di illustrare.
>
> ☞ Rimuovi tutti gli ostacoli possibili, previeni le obiezioni.
>
> ☞ Cerca persone autorevoli che convalidino le tue affermazioni. La gente si fida delle persone autorevoli.

☞ <u>Dissemina nel testo parole e frasi "cattura attenzione".</u>

Spesso la prima lettura di una mail viene effettuata in maniera frettolosa e più che letta viene scorsa velocemente saltando qua e là nel testo alla ricerca di eventuali parole e frasi chiave. Se vuoi essere efficace cerca di inserire e disseminare parole chiave in diversi punti all'interno del testo.

☞ <u>La sintesi è una virtù.</u>

Cerca di mantenere la tua e-mail il più breve possibile. Più sarai dispersivo e ti dilungherai e più rischierai di annacquare la forza comunicativa del tuo messaggio. Sii breve anche nelle frasi, sono più facili da leggere e da capire.

☞ <u>Utilizza gli elenchi numerati o puntati.</u>

Se hai molti elementi da sottoporre all'attenzione dei tuoi potenziali lettori usa gli elenchi puntati, facilitano la leggibilità del testo. Una schermata piena di parole visivamente nel complesso tutte uguali, senza stacchi, è destinata a scoraggiare chiunque alla lettura.

☞ <u>Inserisci una call to action</u>.

Appena prima di salutare ricordati di inserire una call to action. La conclusione del tuo messaggio deve essere mirata a far capire quello che secondo te sono i passi cruciali da farsi e cercare di condurre i lettori verso l'azione desiderata.

☞ <u>Inserisci un link a una landing page</u>.

La landing page deve contenere approfondimenti dell'argomento e un form di contatto.

☞ <u>Invita i tuoi lettori a un contatto diretto</u>.

Le catene di email di risposta a una risposta di una risposta sono purtroppo una cattiva abitudine oggi molto di moda. Vi sono servizi di assistenza post vendita di certe aziende che, non prevedendo contatti telefonici, vanno avanti a suon di ticket e di email che non risolvono il problema. Queste, non solo fanno perdere molto tempo, ma spesso generano in chi richiede assistenza anche un senso di frustrazione. Tuttavia basterebbe una semplice chiamata e parlarsi per prevenire tutto ciò e risolvere immediatamente ogni dubbio. Offrire esplicitamente questa possibilità ai tuoi lettori è un plus oggi non da poco.

☞ <u>Non scordare i saluti finali</u>.

Ringrazia sempre chi ti legge per l'attenzione che ti ha dato e, come formula di saluto, usa qualcosa di semplice, come "cordiali saluti".

☞ <u>Rispetta la privacy</u>.

Ricorda al destinatario che l'email gli è inviata in conformità e nel rispetto della legge sulla privacy e che è un suo preciso diritto potersi cancellare in qualsiasi momento dalla tua mailing list. Ovviamente ricordati anche di indicare nella tua missiva il link o l'indirizzo mail a cui eventualmente comunicare la decisione di cancellarsi. Così facendo, non solo ottemperi agli obblighi di legge, ma dimostri anche di essere corretto e professionale.

☞ <u>Rispetta la netiquette</u>.

Nello scrivere le tue email rispetta sempre la netiquette delle comunicazioni tramite posta elettronica. Si tratta di pratiche semplici, a metà strada tra la buona educazione e il buonsenso, ma che sono anche un indice molto apprezzato della serietà di un interlocutore.

☞ <u>Ultimi consigli tecnici</u>.

Il peso indicativo di una mail da inviare in via massiva a una mailing list non dovrebbe superare indicativamente i 50 Kb e non dovrebbe contenere allegati. Per assicurare una buona leggibilità sui vari dispositivi la larghezza massima del corpo dell'e-mail dovrebbe essere di 500-600 pixel. In ogni caso prima dell'invio sarebbe bene testarla su vari device, è inoltre da tenere presente che molti leggono le email tramite cellulare. Infine, il messaggio dev'essere comprensibile anche se il client del destinatario blocca le immagini, è consigliabile perciò evitare di creare messaggi con sole immagini, e in ogni caso le informazioni importanti non vanno inserite nelle immagini ma scritte sempre come testo. Niente effetti con flash, gif animate o javascript. È vero che il messaggio scritto in html può essere graficamente più accattivante, ma crea anche una versione solo testo per tutti coloro che non visualizzano i messaggi html.

Postfazione

E PER FINIRE...
OVVERO PER INIZIARE

Eccoci arrivati alla fine del nostro viaggio nel mondo del web marketing, un viaggio dove abbiamo visto gli strumenti basilari per iniziare a utilizzare con profitto internet per incrementare la visibilità e il business della tua attività.

Le informazioni che ti ho fornito, da sole, sono sufficienti per avviare la tua presenza online professionale in modo quasi autonomo.

Ho detto "quasi" perché il web marketing presenta moltissimi aspetti che, per evidenti esigenze, sia di sintesi sia legate al taglio divulgativo di questa pubblicazione, non è stato possibile trattare.

Il mio consiglio è comunque di iniziare a testare quello che hai appreso perché, anche se non sei un esperto di web marketing, ora comunque ne conosci i principi base e puoi iniziare a sperimentare queste tue conoscenze sul campo.

Solo in questo modo potrai renderti conto delle opportunità, delle specificità e delle criticità proprie della presenza on line della tua attività, valutando se ti conviene provare a gestire tutto in autonomia, cercando di contenere i costi, o se puntare a un salto di qualità affidandoti a dei professionisti del settore.

A te la scelta. Ovviamente scegliere di risolvere tutti i problemi in completa autonomia, potrebbe anche significare dover cercare per giorni risposte a possibili problematiche che dovessero insorgere lungo il cammino, perdere cioè del tempo prezioso che avresti potuto dedicare alla tua attività offline.

Ecco perché insieme a WebMarketingAziendale abbiamo voluto offrirti una prima consulenza gratuita, dove, se lo riterrai opportuno, potrai valutare insieme a un esperto di web marketing cosa potrebbe essere più adatto per la tua attività e come realizzarlo.

Quindi il mio ultimo consiglio è di andare all'indirizzo

www.webmarketingaziendale.it/serviziperprofessionisti

dove, se credi, potrai contattarmi per una prima consulenza gratuita.

Io intanto ti saluto e ti auguro tutto il meglio per la tua attività, sia offline che online. A presto.

Alessio

APPENDICE

CARATTERI SPECIALI

In alcuni casi potrebbe essere necessario utilizzare nel testo di un file html un carattere speciale che, anche se presente nella tastiera del computer, non è detto che venga visualizzato correttamente dai browser. Per ovviare a questo possibile inconveniente ecco una tabella per poter inserire nel testo i caratteri speciali digitando il corrispondente codice html.

	ENTITÀ A CARATTERI	ENTITÀ NUMERICA	DESCRIZIONE
–	–	–	trattino o meno
—	—	—	trattino lungo
¡	¡	¡	punto esclamativo invertito
¿	¿	¿	punto di domanda invertito
"	"	"	virgolette
"	“	“	virgolette sinistre
"	”	”	virgolette destre
'	‘	‘	virgoletta sinistra
'	’	’	virgoletta destra inclinata
«	«	«	virgolette a sergente sinistre
»	»	»	virgolette a sergente destre
			spazio vuoto
&	&	&	"e" commerciale
¢	¢	¢	simbolo di "cent"
©	©	©	simbolo di copyright
÷	÷	÷	simbolo di divisione
>	>	>	simbolo di maggiore
<	<	<	simbolo di minore
µ	µ	µ	micron
·	·	·	punto centrale
¶	¶	¶	simbolo di paragrafo
±	±	±	più o meno
€	€	€	Euro

	ENTITÀ A CARATTERI	ENTITÀ NUMERICA	DESCRIZIONE
£	£	£	Sterlina britannica "Pound"
®	®	®	marchio registrato
§	§	§	delimitatore di sezione
™	™	™	trademark
¥	¥	¥	Yen giapponese
á	á	á	"a" minuscola con accento acuto
Á	Á	Á	"A" maiuscola con accento acuto
à	à	à	"a" minuscola con accento grave
À	À	À	"A" maiuscola con accento grave
â	â	â	"a" con accento circonflesso
Â	Â	Â	"A" con accento circonflesso
å	å	å	"a" con anello o occhiello
Å	Å	Å	"A" con anello o occhiello
ã	ã	ã	"a" con tilde
Ã	Ã	Ã	"A" con tilde
ä	ä	ä	"a" con dieresi
Ä	Ä	Ä	"A" con dieresi
æ	æ	æ	"ae" con legatura fonetica
Æ	Æ	Æ	"AE" con legatura fonetica
ç	ç	ç	"c" con cediglia
Ç	Ç	Ç	"C" con cediglia
é	é	é	"e" con accento acuto
É	É	É	"E" con accento acuto
è	è	è	"e" con accento grave
È	È	È	"E" con accento grave
ê	ê	ê	"e" con accento circonflesso
Ê	Ê	Ê	"E" con accento circonflesso
ë	ë	ë	"e" con dieresi
Ë	Ë	Ë	"E" con dieresi
í	í	í	"i" con accento acuto

	ENTITÀ A CARATTERI	ENTITÀ NUMERICA	DESCRIZIONE
Í	Í	Í	"I" con accento acuto
ì	ì	ì	"i" con accento grave
Ì	Ì	Ì	"I" con accento grave
î	î	î	"i" con accento circonflesso
Î	Î	Î	"I" con accento circonflesso
ï	ï	ï	"i" con dieresi
Ï	Ï	Ï	"I" con dieresi
ñ	ñ	ñ	"n" con tilde
Ñ	Ñ	Ñ	"N" con tilde
ó	ó	ó	"o" con accento acuto
Ó	Ó	Ó	"O" con accento acuto
ò	ò	ò	"o" con accento grave
Ò	Ò	Ò	"O" con accento grave
ô	ô	ô	"o" con accento circonflesso
Ô	Ô	Ô	"O" con accento circonflesso
ø	ø	ø	"o" barrata
Ø	Ø	Ø	"O" barrata
õ	õ	õ	"o" con tilde
Õ	Õ	Õ	"O" con tilde
ö	ö	ö	"o" con dieresi
Ö	Ö	Ö	"O" con dieresi
ß	ß	ß	"S" tedesca
ú	ú	ú	"u" con accento acuto
Ú	Ú	Ú	"U" con accento acuto
ù	ù	ù	"u" con accento grave
Ù	Ù	Ù	"U" con accento grave
û	û	û	"u" con accento circonflesso
Û	Û	Û	"U" con accento circonflesso
ü	ü	ü	"u" con dieresi
Ü	Ü	Ü	"U" con dieresi

Finito di stampare nel mese di febbraio 2024
da Rotomail Italia S.p.A.
Printed in Italy